AMINOGE Nº118

Cover PHOTO
KUNIYOSHI TAIKOU

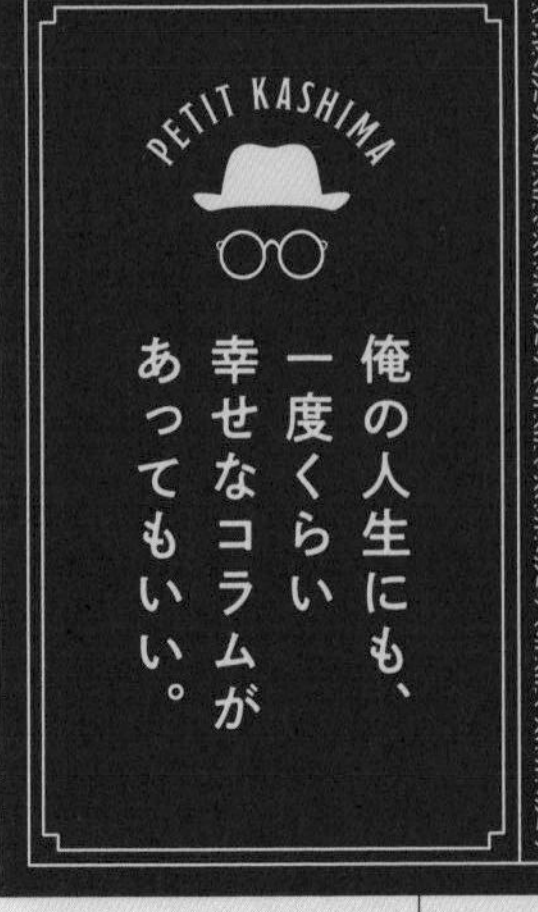

VOL.117

美しい興行とは何か？

プチ鹿島

プチ鹿島（ぷち・かしま）1970年5月23日生まれ。芸人。TBSラジオ『東京ポッド許可局』（土曜日26:00-27:00）出演中。

プロレスを見続けていてよかったと思うのは、プロレス視点を持っておくと世の中の構図が理解しやすいときがあることだ。たとえば自民党の総裁選。アレは自民党の「興行」と考えたほうがいい。プロレスのビッグマッチと同じと思えばいい。あの興行をやることでメディアは時間を割いてくれ、候補者たちは各テレビ局を回る。これ以上ない宣伝機会となり、カンフル剤となる。ここで重要なのは、前任者の人気がなくても雰囲気を変えることができることだ。狡猾である。

総裁選がいかにおいしい興行かと言えば、小泉純一郎を思い出してほしい。小泉は「自民党をぶっ壊す」と言って喝采された。前総裁の森喜朗氏が不人気すぎたぶん、小泉ブームが起きた。あのあと自民党はぶっ壊れただろうか。破壊どころか安泰となったではないか。そう、自民党の興行にまんまと夢中になっていたことに熱狂後に少なくない人々が気づいたのである。議論が盛り上がり、対決ムードとなったことで不満がガス抜きされたのだ。トラブルがあったらそれすらネタにしてしまう。「新宿伊勢丹襲撃事件」のあとに猪木vsシンを組んで全国を回ったら客は入るし興奮する。総裁選なら議論が盛り上がり、対決ムードとなって全国を練り歩けば国民の不満がガス抜きされる。これはもうどう考えても「興行」である。

逆に言えば、前任者の総括や議論をしなければ総裁選の意味はないことになる。でも最近はもったいないことに十分な議論を避けている。3年前の「安倍対石破」のときはモリカケ問題に触れられるのが嫌だったのか、安倍晋三は論戦を避けていた。自民党に以前の余裕やズルさがあったら石破茂にとことん批判をさせたであろう。そのあと団結して国民の不満を緩和させてオールスター感を出していたはず。しかし批判を封じた結果、モリカケはおさまらず「桜」まで出てきた。

つまり、せっかく「興行」を打っても対決ムードや攻防がなければ（当たり前だが）客はしらける。よく、レスラー同士が嫌がるカードこそが客が見たいカードというが、総裁選だってその形がベストなのだ。昭和の頃は政権交代がないぶん、自民党内での派閥抗争が疑似政権交代の役割を果たしていたと言われる。カネはかかるし負の部分が大きかったが、対野党より党内にこそピリピリした緊張感が生まれていたことは事実だ。下手を打ったらすぐに党内のライバルから足を引っ張られる。食うか食われるか。ここまで書いていて気づいたが、私はまるで「昭和新日」の話をしているみたいだ。

さて、このコラムが出ている頃は新総裁が決まっているはずだが、果たして対決ムードや論戦が盛り上がっていい興行になったであろうか。もしおもしろくなかったら、すぐにやってくる衆院選は不穏の匂いがする。今回は投票できなかった一般有権者たちが「会場に駆けつける」可能性もある。

興行と言えば、今年は東京五輪・パラリンピックがあった。あれも平和の祭典とか五輪憲章とかキレイごとを言うからザワザワするのであって、最初からＩＯＣ（国際オリンピック委員会）の「興行」と考えればスッキリする。ＩＯＣなんて名前からしてプロレス団体だ。単なる興行主のバッハ会長が美しい言葉を言おうとするからおかしくなる。ＩＯＣの目当ては巨額の放送権料であることは子どもまで知るようになった。アメリカのテレビ局が太い客だから人気のスポーツ中継が手薄な真夏に開催する。これぞ興行である。

招いた側の東京は「五輪を呼べば経済が回る」という昭和の夢にもう一度すがった。なので仕切るのは森喜朗を始めとする昭和やり手おじさんたちだった。しかし皮肉なことに、昭和やり手おじさんたちは２０２１年に古くてヤバい価値観を世界に晒して大混乱となった。五輪は世界中が注視するから、内輪で処理してもみ消すというニッポンのお家芸もできない。昭和からの負の遺産が可視化されてしまった。

五輪はキレイごとを言うわりにはキナ臭い。高邁な理想や大義を掲げているぶんモヤモヤするが「興行」というキーワードを頭に入れれば一発で理解できるのだ。

私は野球も好きで、これまでは国際大会にも夢中だった。ＷＢＣの日本対韓国は手に汗握って見ていた。その結果、敵として見ていた韓国の泥くさいながらも熱いプレーに次第に魅了され、韓国プロ野球を見に行ってしまったほど。チケット売り場では、私が日本人だと気づいた隣のおじさんが窓口のお姉さんに「日本から来てるからいい席を用意してあげて」と言ってくれたらしく、バックネット裏の特等席だった。

現場レベルではこんないい感じなのに、最近は国際試合になると巻き起こるメディアやＳＮＳを含めた「国威発揚」が脂っこくてキツくなってきた。美談だらけの侍ジャパンからは避難した。同じ匂いは高校野球の「美しさ」にも感じる。だったら私は同じ甲子園の野球なら阪神対巨人戦を見る。最初からビジネスとしてやっているから清々しい。それはプロレスも大相撲も同じである。

結論。興行はおもしろいが、美しい言葉にラッピングされ始めたら要注意です。

KAMINOGE
LISTEN TO POWER WORD

長州力

[吉田光雄]

武藤敬司

[プロレスリング・ノア]

収録日：2021年9月13日
撮影：タイコウクニヨシ　試合写真：平工幸雄
構成：井上崇宏
収録場所：PRETTY THINGS（東京都世田谷区駒沢5-24-5）

最近やたらと仲のいいふたりが繰り出す"真説"！

現場監督はレスラーに"親切"だったって本当なのか!?

「新日本時代はもう犬猿の仲ですよ。長州さんはみんなからめっちゃ嫌われてたんだから（笑）」（武藤）
「泣かすぞマジで。冗談でもそういうことは言うもんじゃない。真実ならなおさらやめとけ～」（長州力）

ONSEN WARRIORS
CHOSHU
MUTO

「長州さんにくっついてるとオイシイ思いをするからさ、多少の理不尽には我慢してでもつるんでいたほうがいいなと」（武藤）

長州　敬司、おまえは『ＫＡＭＩＮＯＧＥ』に出るのは初めてだろ？

武藤　えっ？　いや、俺は何度も出ていて表紙になったりもしていますよ。

長州　あっ、マジか。えっ、何度も？

武藤　そこまで驚くことじゃないような気がするんだけど（笑）。

長州　ちゃんと本は送られてくる？

武藤　いや、どうだろ。事務所には届いてるんじゃないですか。井上くん、毎回送ってきてくれてるよね？

長州　……井上？　井上って誰？

武藤　えっ？　いや、これ。

――…………。

長州　ああ、山本くんのところのコか。

武藤　……山本？

※あらためて説明しよう。長州さんは長年、聞き手の井上のことをどこでどう間違えたのか、ずっと〝山本〟と呼んでいるのだ！

長州　俺なんかもう何年も出てやってるのにさ、１回も『ＫＡＭＩＮＯＧＥ』を送ってきたことがないよ。俺は気をつかって羽田空港の本屋で買おうとしたこともあるんだけど、売ってないしさ。

武藤　こんなの、買ってまで読むものじゃないでしょ（笑）。

――なんてことを言うんですか（笑）。

長州　とにかく俺は見たことがないんだから、買う価値があるのかないのか、わからないんだよ。

武藤　買わなくていいよ、マジで。

長州　敬司、おまえがそこまで言うのなら俺は買わない。金輪際、買ってみようかという気持ちは持たないようにする。約束する。

武藤　べつに約束までしなくたっていいでしょ（笑）。

長州　ところで敬司。おまえ、仕事のほうはどうなの？

武藤　仕事？　いや、きのうも後楽園ホールで試合したんですよ。30分もやったよ、俺（笑）。

長州　誰とやったんだ？

武藤　杉浦（貴）っていうヤツとシングルでやったんですよ。

長州　ふうん、敬司もよくやるね。でもいいじゃん、気が張ってコンディションがよくなって。

武藤　いや、きのうの試合で左の股関節が痛くなっちゃってマジでヤバいよ。いまもずっと痛えし。

長州　おまえはあいかわらずすぐに泣くよなあ。山本くん、最近コイツは俺と一緒の仕事が多いじゃん？　それもコイツが泣いてきたからだからな。

武藤　だから山本くんって誰なんだよ!?（笑）。で、俺がいつ長州さんに泣いたんですか？

長州　バカッ、冗談だよ！（と咳き込みながら爆笑）。

武藤　なんの冗談なんだかマジでわかんねえ……。でも、たしかに長州さんとはテレビとかいろんなので共演することが増えてきましたよね。

長州　やっぱり『SHOWチャンネル』（『1億3000万人のSHOWチャンネル』）が大きいんじゃないの？

武藤　そうか、『SHOWチャンネル』が発端か。

長州　発端とか難しい言葉は使うな。

武藤　でもまあ、たしかに長州さんにくっついてるとまあまあオイシイ思いをするからさ、多少の理不尽には我慢してでもつるんでいたほうがいいなとは思ってる。

長州　バカッ、泣かすぞマジで？

「おまえはとにかくズルい。でもべつに俺は敬司に関しては特別な感情はまったくないわけだ」（長州）

——新日本プロレス時代のおふたりの関係性ってどういう感じだったんですか？

武藤　もう犬猿の仲ですよ。

長州　敬司、やめとけ〜。

武藤　だって、長州さんはみんなからめっちゃ嫌われてたんだから（笑）。

長州　敬司、やめとけ〜。冗談でもそういうことは言うもんじゃないよ。

武藤　冗談じゃないよ、真実ですよ。

長州　じゃあ、なおさらやめとけ〜。

武藤　でも俺自身は長州さんのこと、どうとも思っていなかったと思うんですよ。

——たとえば長州さんのどういうところが嫌われていたんですか？

長州　山本、やめとけ〜。

武藤　そんなの、本人を目の前にして言えないだろ（笑）。

長州　敬司、そこまで言ったんならハッキリと言え〜。

武藤　嫌ですよ。ここでそんなことをしゃべって、俺に変な感情を抱かれたりしたら困るし、今後がめんどくさいじゃん。だからそういうのはあんま言わねえほうがいいんだよ。

長州　じゃあ、匂わせるな〜。

——要するに長州さんが現場監督として豪腕をフルに発揮されていたっていうことですよね。

武藤　まあまあ、そうっスね（笑）。

——その根底には、あれだけの集団を束ねるわけですから、長州さんの中にいろんな意味での強さというものがあったと思うんですけど。

武藤　そうっスね。あれは強さだよなあ。

長州　いや、俺はな〜んにも。普通にやっていただけだ〜。

武藤　これさ、なんだかんだ言って、あくまでも『KAMINOGE』はプロレス雑誌だもんね？

——はい、あくまでもプロレス雑誌です。

武藤　俺、プロレスの雑誌で長州さんとふたりで対談するなんて初めてなんだよ。だってさ、それだけ俺と長州さんとではプロレス観というものが違うわけじゃん。長州さんはよく俺のことを「まったく間が違う、合わない」って言ってるけど。

長州　だって敬司との試合は、やってる最中にコーヒーが飲めるくらいだから。

武藤　それそれ。それ、よく言ってますよね。

長州　たしかにこうやってふたりでプロレスの話をするのは初めてだよな。ただ、そのプロレス観？　敬司とは合っているような、合っていないような、あまりそこまでの違いはないと思うんだよな。

武藤　いや、そこまで違いはないですよ。過去にはもっと畑が違う人たちもいっぱいいたからさ。

——UWFとか。

武藤　そうそう。ただ、俺はそういう人たちを相手にしても柔軟的にやってきたけど、長州さんの場合は柔軟に寄っていかないでしょ。

長州　敬司、それは違うぞ。おまえは柔軟じゃなくてズルいんだよ。だから窮地に陥ったヤツのことを心配しているようでいて、内心では「おお、やった」って思うタイプじゃん。

武藤　そんなことはないですよ。なんですか、ズルいって？

長州　おまえはとにかくズルい。でもね、べつに俺は敬司に関しては特別な感情はまったくないわけだ。

武藤　どっちだよ。

「俺が食ってかかるなんてことはしていなかったですよ。常にイエスマンだったじゃないですか」（武藤）

長州　敬司とはずっと新日本という同じ会社でやっていたわけじゃん。そのときから微妙に「あっ、コイツは生き延びていくヤツだな」っていうのはわかっていたんだよ。そのとき俺はもう、どっちかと言うと会社側の人間だったけど、やっぱり選手は練習生として道場に入って、リングの上でデビューしてからは少なからずとも自分でちっちゃな城をかま

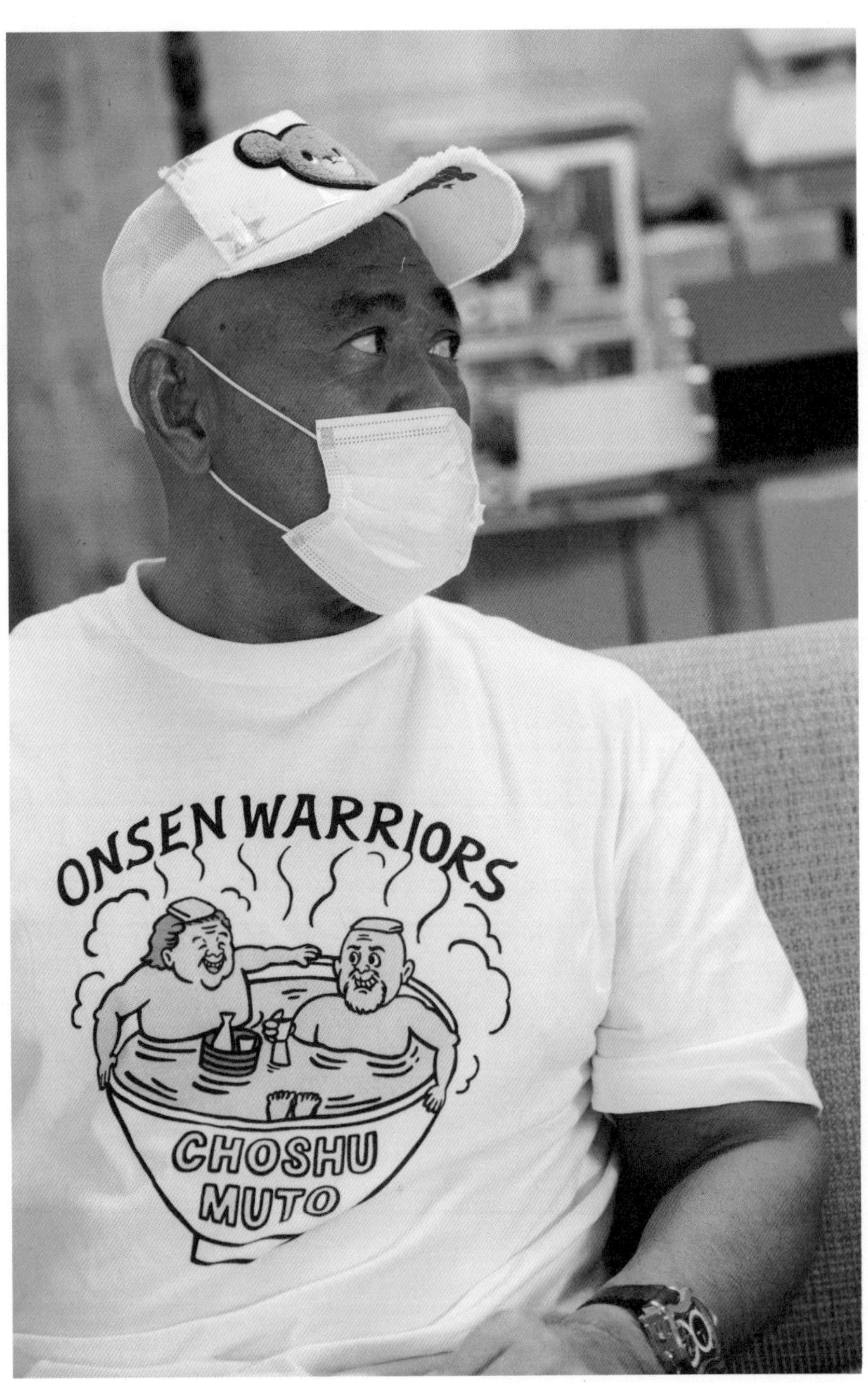
ONSEN WARRIORS
CHOSHU
MUTO

えて仕事をやっているわけであって。みんなそうだもんな?

武藤　そうっスね。

長州　だから敬司は敬司で自分の城を作ったしな。本来、その個々の城には誰も口を出せないわけだけど、あえて出すとしたら会社vs武藤敬司になる。それが契約じゃん。そういう意味では会社に縛られている部分もあるけども、いくら縛られたとしても自分の中で「これはちょっといけるな」と思うレスラーが何人かいて、そうしたら会社との話し合いでも自分なりの要求をすることができる。だから逆に言えば、それなりの城を築いておかないといけない。そこでの話し合いはそんなに甘いものでもないんだから。

——武藤さんは、その何人かのレスラーのうちのひとりだったんですね。

長州　「コイツはどうにでもいけるタイプだな」っていうのはあったよな、ウン。とにかく図太さがあるよ。

武藤　ズルくて図太いって、それは褒め言葉ですよね?

長州　だって、自分に自信がないとこの世界では生きていけないじゃん。俺も会社を2回出たけど、敬司だって出てるじゃん。

武藤　俺はたった1回出ただけですよ。

長州　そんなおまえ、1回も2回も3回も同じだよ。

武藤　そんな万引き犯みたいに言わないでくださいよ(笑)。

長州　だから、その飛び出したときっていうのは、敬司も自分の城を大きくしていかないと思ったはずなんだよ。そういう計算ができる人間というか、まあ計算っていう言い方はおかしいけど、それは自分を売り出していくためには大事なことであって。こっちがいくら「敬司、この仕事はこういう具合にやれ」って言ったところで、やるのは敬司本人であって俺じゃないんだから。だからそこで敬司がどれくらいやれて、新日本がどれだけ敬司のことを評価するかっていう、そこのところだよな。そこで俺がわざと凄く低く評価してやろうとすると敬司は食ってかかってくるわけだ。

武藤　俺が食ってかかるなんてことはしなかったじゃないですか。常にイエスマンだったじゃないですか。

長州　じゃあ、おまえ、なんで〝泣きの敬司〟って言われてるんだよ?

武藤　それ、長州さんしか言ってねえじゃん。まあ、いちおう自分のやれることはやっておいて、得するようにはしていたつもりだけど。

長州　あっ、いま言ったな? 「やれることはやっておいて」っていうのは「そのかわりにあとからちゃんと要求しますよ」ってことじゃん。それは凄いことなんだよ。だってそうだろ、いくら気分が悪くてもリングに上がったらやることはやるってことだから。

武藤　まあまあ、そうっスね。

長州　お互いに認め合っているのは間違いないことだからな。なので、こっちがいくら低い評価をしても、ちゃんと敬司の口からは「それはないでしょ」っていう言葉が出てくるんだよ。それは蝶野（正洋）だろうが橋本（真也）だろうが、だいたいそうだったよ。「今年はこれぐらいのことは言ってもいいんじゃないか？」って計算してくる。でも会社は会社で、すべての行事が終わったあとに契約となれば、もう枠は決まってるんだ。

——それはなんの枠ですか？　お金ですか？

武藤　お金の総額ですよ。

長州　そう。でも俺はたぶん敬司と近い感覚は持っているんだろうけど、やっぱり違うと思うんだ。なぜなら俺は常に「なぜレスラーからは交渉できないのか？」っていう思いがあったからな。だから坂口（征二）さんが社長になったときに俺は「毎年、選手の査定をやらせてください」って言ったんだよ。あのシステムはそれからだよ。

——ある程度はキャリアによって決められていたギャラを、選手のがんばりに応じた形の出来高制にしていったと。

長州　そう。じゃないと選手が「やってもやらなくても同じなんだな」って考えを持った場合はどうするんだ？　っていう。

「評価はとにかくこっちが見ていて『やるべきをことやっているか？』っていうことがすべてだよ」（長州）

武藤　でも、みんな、そんなに開きはなかったでしょ？

長州　いやあ、あったよ。

武藤　あったんですか？　それとリング上で売れているヤツと売れてないヤツとでは副業の面が違ってくるじゃないですか。イベントに呼ばれたりとか、グッズの売り上げであったりとか。

長州　まず、そのリング上の仕事のどういうところを査定してあげられるかっていう問題もあるしな。

武藤　目立たなくて地味な仕事をしていても、いい働きをしているヤツの評価が高いとかあってもいいわけじゃないですか。

長州　そういう部分もあるけど、とにかくそれはこっちが見ていて「やるべきをことやっているか？」っていうことがすべてだよ。だから新日本ならレスラーは身体を大きくする、そのために道場があって、食事もすべて会社が賄っているわけだから、それはプロ野球と同じような査定にはならないじゃん。野球はなんだかんだ言っても数字の世界だから、成績がよくなっていかない限りはどうにもなんない。そこがプ

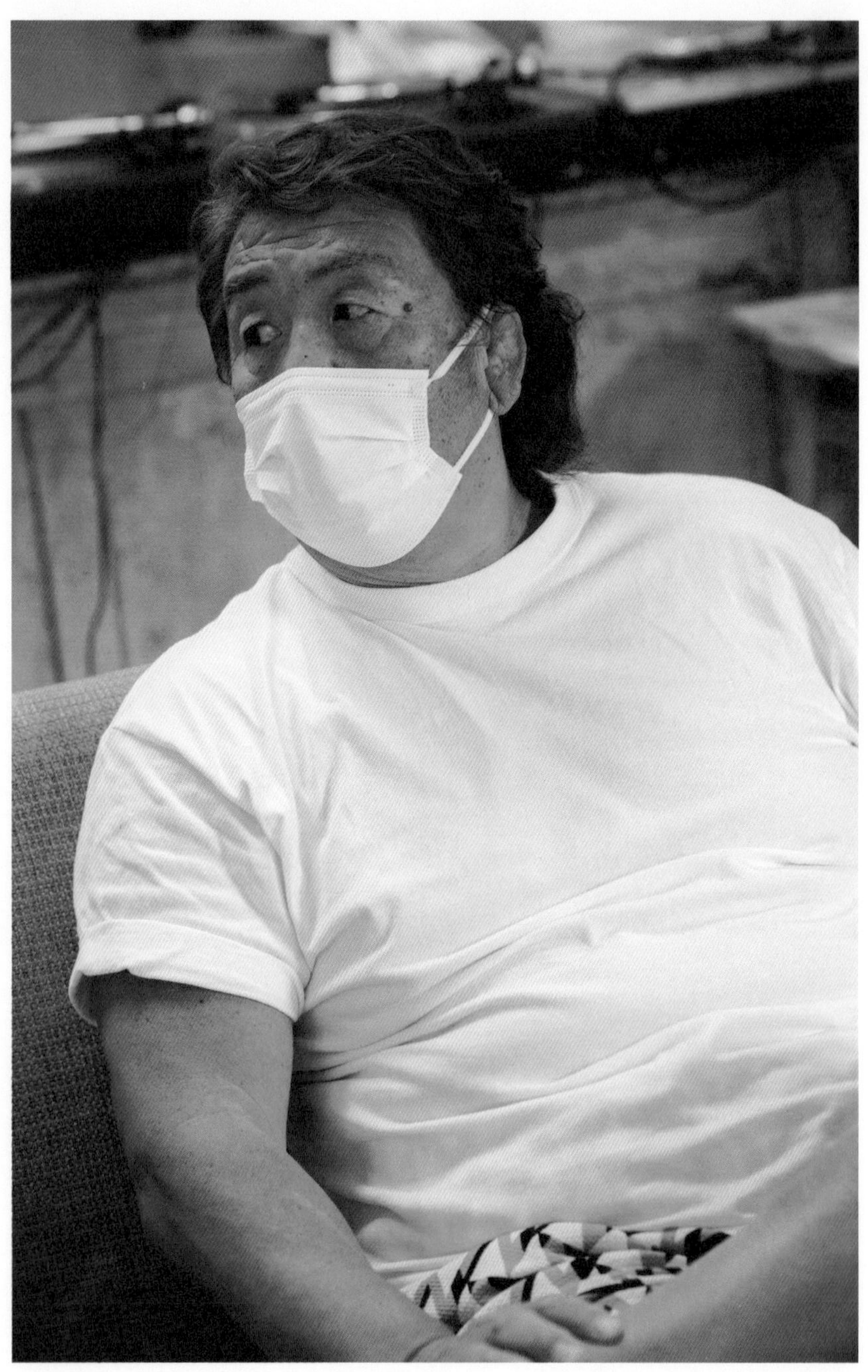

ロレスとその他のスポーツとの大きな違いであって。

武藤　まあ、そうっスよね。

長州　だからこそ、俺は新日本の元気がいいときに坂口さんに「査定をやれませんか?」って言ったんだよ。この業界では新日本がいちばんだったし、それなりの枠もあるんだし、選手は「自分ががんばった」っていう意識の人間がほとんどだから要求もしてくるし。俺は自分自身の契約のときに1、2回こういう話をしたことがあるけど、俺自身の要求をするときにはもう枠がないんだよ（笑）。

――選手のギャラを上げてあげているうちに、自分の取り分が減っているってことですか?

長州　枠が決まってるんだから当然そうなるじゃん。もう俺のときには枠が空いてねえんだから（笑）。

武藤　じゃあ、取り合いっていうか分配のし合いっていうか（笑）。

長州　そういう形でやっていこうとなったときに、じゃあ2年間一律でやるのか、それとも毎年の契約更新でいくのか、まあ最初はいろんなことを考えたよ。2年の契約で少しでも安定が得たいヤツもいれば、毎年やってくれって言うヤツもいる。とにかく俺は本当にいちばん最後だからね。残った小銭を一生懸命にかき集めてたんだから（笑）。

武藤　そうなんスか?　そこは俺はよくわかんないけど（笑）。

長州　でも物販（グッズ）にもロイヤリティとかそういうものがあるし、さっき敬司が言ったような副業って、あってもあの頃はサイン会くらいのもんじゃん。いまみたいにテレビにバンバン出てやっていたわけじゃないしさ。

武藤　いや、イベントとかはけっこうありましたよ。あとはたしかにグッズのロイヤリティがバカにならなかったんですよ。俺が坂口さんから聞いたのは、いちばんいい年の新日本の年商が40億弱とかっていうときは日本の興行会社の中でトップ20に入っていたって。新日本の下にどっかのプロ野球の球団がいたっていうんだから。

――プロ野球球団よりも売り上げが上って凄いですよね。

武藤　凄いよなあ。

長州　俺が「これは新日本は上がっていくな」と思ったのは、事務所をテレビ朝日の中に作っただろ。

武藤　はいはい。

長州　あのときの勢いは凄かったね。坂口さんが俺に「いまから銀行に行くから一緒に行こう」って言うんだよ。それでついて行ったら、坂口さんがタクシーの中で「長州、今日は見てろよ」って。そうしたら坂口さんが銀行で「今回でもう終わりですね。お世話になりました」って3億ちょっとのカネを返そうとするんだよ。そうしたら銀行が「いえ、こういうところではなんですので、上のほうへどうぞ」っていきなり立派な部屋に通されてな、そこで銀行の人間が「これはまだお持ちください」って（笑）。

――まだ返さないでくれと。「これからも末永くお付き合いを」っていうことですよね（笑）。

武藤　そういうことだよね。「もっと借りてよ」ってことでしょ。

長州　バブルが弾ける前だからな。

武藤　だから金利だって高いから、そりゃ銀行だって貸したがるよね。俺らが若手だった80年代後半もバブルのときじゃん。俺たちはタニマチ商売だからさ、巡業に行ったら財布がカネで膨らんでるんだよ（笑）。

――全国を回ったら、東京に帰ってきたときには財布がパンパンになってるっていう（笑）。

武藤　そうそうそう（笑）。

「長州さんたちが辞めたら会社が急に俺たちにやさしくなってさ、ギャラをもう少しもらえるようになったんだよ（笑）」（武藤）

長州　あれだけ回ってたら、そりゃ選手はな。でも、みんな、配ってあげていたとも思うけどね。そうだろ？

武藤　まあ、付き人とかに小遣いをあげたりとかしてたから、やっぱり見えない経費もかかりますよ。いま思い出したけど、昔は巡業に出たら会社から「弁当銭」っていうのが出てたんだよな。あれ、1日に4000円か5000円くらい出てましたよね？

長州　食事代な。いや、3000円くらいじゃなかったか？

武藤　いや、4000円くらいだったよ。だけど、どっかのタイミングで年俸制にされたときにその弁当銭が込みになっちゃってさ、あれがなくなったのが痛く感じたなあ。

長州　そりゃ、いい話ばっかりじゃないよ。

武藤　俺が新日本に入ったばかりのときは、巡業が終わったらレスラーが全員事務所に呼ばれて、給料を現金でもらってたんですよ。

長州　あっ、敬司は振り込みじゃなかったのか？

武藤　最初は振り込みじゃないですよ。青山の事務所に行って封筒でもらってましたよ。それで先輩レスラーたちの封筒はバーンってすげえ分厚くてさ、俺らの封筒なんか坂口さんがうっかり落としたら、マジで木の葉みたいな感じでヒラヒラヒラ～ってまっすぐ落ちていかねえんだよ（笑）。

長州　あの長～いテーブルで順番に渡されてな。俺の封筒なんかはスーッて飛んできたけどな（笑）。

武藤　重みが違うんですよ。あの手渡しのシステムも途中からなくなって、振り込みになってから弁当銭とかもみんな込みになったんじゃねえかな。そうだよ、年俸制にされたときだよ。まあ、時代がそういうふうになったんだよな。

長州 振り込みの時代になったんだよ。スケジュール表を見たら試合数が書いてあるから、すぐにギャラが計算できたんだよな。

武藤 だけど会社からしてみたら、試合した割合で給料をあげていたほうが痛手はないかもしれないですよね？

長州 いやいや、そんなことはない。

武藤 だって年俸制だと、休んでたって保証しなきゃいけないじゃないですか。それとも昔から休んでいてもカネはもらえたんですか？

長州 ああ、それは出るよ。全部出る。だってそもそも、服はジャージがあるからほとんど買わないし、ひたすらトレーニングをしてコンディションを作って次のシリーズに備えてたから、カネを使わないじゃん。

武藤 あっ、昔はテレビ朝日からも出演料みたいなやつをもらってましたよね？ 俺が若い頃、テレビ朝日からももらってたよ。

長州 あっ、それはアレだよ。放映料だ。

——『ワールドプロレスリング』の出演料っていう名目ですか？

武藤 テレビ朝日からもらえるんだからそういうことだよね。えっ、長州さんだってテレビ朝日からもらってたでしょ？

長州 いや、俺は会社のアレ（取締役）だからもらえないんだ。

武藤 ええっ、絶対そんなことないよ！（笑）。猪木さんなんかテレ朝から何千万ももらってるって言ってたよ。俺らは微々たる額だったけど。

長州 フン。話が回って大きくなってるだけだよ。

武藤 で、そのテレ朝のやつもみんな年俸制になったときにインクルーズされたんだよな。

長州 敬司、泣くのもほどほどにしろ～。

武藤 それでなんか知らないけど、長州さんたちが辞めたら会社が急に俺たちにやさしくなってさ、もう少しもらえるようになったんだよ（笑）。

——集団離脱があると、残った人が厚遇されるという（笑）。

武藤 そうそう。それで少しだけギャラを上げてもらって。

長州 だから、それも枠が空くからだよ。

「俺は会社を1回出て、戻って、2回目に出て、また戻ってきて、その間にカネをそんなに使った憶えはないんだよ」（長州）

——こういう話を聞くと、長州さんはレスラー側にはいい思いしかさせていないように思えてきますよね。評価に見合っ

た年俸制にしたり、自分が辞めるときは残った人間が潤うようになっていたり。
長州　だから俺はさ、「おまえらに何がわかるんだ？」っていつも言ってるんだって。いまだにどうのこうの言うバカどもが何人かいるけど、ほんっとに。何がおまえらにわかってるんだって。じゃあ、俺は聞いてやるよ。昔みたいなスタイルで1試合いくらでよかったのか、それとも査定をしてやったほうがよかったのか、どっちがよかったのかって。
武藤　やっぱ安定のほうがいいよね。少し安くなってでも、保証されていたほうが結果的にはレスラーはみんな喜びますよ。いまなんて団体がいっぱいある中でさ。
長州　いや、いまにたとえちゃダメだよ。
武藤　だって、いまは誰もが安定を求めているじゃないですか。インディーのレスラーたちはみんなそうでしょう。
長州　昔は団体が3つ4つしかなかったんだから、それはもう時代が違うんだよ。その中でも食っていけるというか生活をやっていけるのは新日本と全日本。あとは浜さん（アニマル浜口）のところの国際もがんばってはいたけどな。
——そういうシステム面での改革は置いておいて、とにかく現場監督としての長州さんには「怖い」っていうイメージしかないんですけど。
長州　あ？　俺、怖くはないよ。コイツらが勝手に怖いと思うか思わないかはわかんないけど。
武藤　いや、俺はそんなには怖くなかったっスよ。
——あっ、本当ですか？
長州　やることをやっているんだから、そういう人間には俺も何も言うことがないからな。
武藤　そんな撃たれてるっていう感じはしなかったし。
——じゃあ、長州さんにとって武藤さんは優等生だったんですか？
長州　あ？　優等生とかそういう意味合いではないな。やってるかやってないかっていうだけで、あとはこっちの判断だよ。俺もやってることをやってるだけだから、それ以上のことが必要になったら「じゃあ、俺に言わないでもっと上に行け。会社に言ってくれ」って。
武藤　とにかく俺は長州さんからはああだこうだ言われてないですから、本当に凄く真面目ないいレスラーですよ（笑）。
長州　敬司、言ってろ〜。俺が憶えてるのは、仲介人を連れてくるヤツとかも出てきたよな。
武藤　ああ、契約のときに弁護士とか個人のマネージャーを連れてきて。それって蝶野じゃないの？（笑）。
長州　知らん。
武藤　俺なんか「はい、わかりました」ってパッとハンコを押して、そのあと家に帰って女房に契約書を渡したら「えっ、ゼロが1個足りないわよ！」って言われたことがあったよ。
長州　おまえ、1個違ったら凄いことだぞ（笑）。
武藤　だって、マジでめっちゃ違ってたんですから。それであとから足してもらったんですよ。
——ゼロを1個足してもらったわけじゃないですよね？
武藤　いや、本当にゼロが1個足んなかったんだよ（笑）。
長州　まあまあ、みんな契約を終えてしまえば、選手によっては家庭を持っている人間もいるし、その中でどうやって生活をしていくかっていう。だけど家庭を持っているからってどういう生活をしているかとか、俺はそこまで知ろうとは思わないし、それぞれにルールってもんがあるだろうしな。
武藤　いや、ゼロが足んなかったのは単純に会社のミスだけどな……（笑）。
長州　（聞かずに）俺は会社を1回出て、戻って、2回目に出て、また戻ってきて、その間にカネをそんなに使った憶えはないんだよ。家をちょっと買ったとか、ちっちゃい土地を買って駐車場にしてやろうとか。そんなのは家内が全部やったことであって生活設計というのはひとりひとり違うわけだ。そんなことにいちいちあだこうだって、み〜んな違うわけだから。

「俺は8000万で家を買ったんですよ。それで10年後にいくらで売れたかっていうと、たった3000万だからね!?」（武藤）

——稼ぎどきって働きどきですから、意外とカネを使う時間がなかったりするんですかね。
長州　バブルが弾けてちょっと鈍った部分もたしかにあったけど、新日本がどんどん勢いがあるときは、イベントとかサイン会とか物販のロイヤリティとか、それだけでも十分にまかなっていけたんだもん。
武藤　そうですよね。たぶん、あの頃は全員が豊かだったと思いますよ。下のレスラーもみんなが豊かだったと思います。
——関わっている人はみんな。
長州　だから俺がそういう環境を作ったんじゃん。それを何も知らずにいまだにＹｏｕＴｕｂｅとかでグダグダ文句を言っているヤツらがいやがる。バカどもが！
武藤　それは俺は知らないけど。だって、いまみたいに巡業もずっとバスで移動とかじゃなかったもんね。新幹線を使ったり、飛行機を使ったりして。
長州　だから前乗りしたりしてたもんな。
武藤　そうそう。
長州　だけど詰めるところは詰めるっていう。やっぱり坂口

ONSEN WARRIORS
CHOSHU
MUTO
ONSEN WARRIORS
CHOSHU
MUTO

さんが代表にかわってからは、イケイケだった新日本がもっとイケイケになっていったよね。

武藤　新幹線で移動のときもレスラー全員がグリーン車でしたよね。

長州　いや、下のほうは普通の指定席だっただろ。

武藤　あれ、そうだっけ？

長州　そりゃそんなわけはないだろう。ただ、バスにしたってあんなにデカイのが走ってる団体ってほかにはなかったもんな。

――そういった豊かな時代を経験されてきたおふたりですけど、このキャリアになってもいまだに人生が豊かであり続けていますよね。

長州　人生が豊かぁ？　誰が？

――長州さんと武藤さんですよ。

長州　アホかいっ！　豊かって何をもって豊かなんだ？

――いまだにずっと多方面でご活躍をされているじゃないですか。

長州　ご活躍？　ただただ仕事をもらって、こなしているだけだよ。

――ニーズがたくさんあるっていうことが豊かってことなのかと思ったんですけど。

長州　あのな、いいか。俺みたいに500円玉貯金とかさ、小銭を貯めてばっかりのヤツは財を作らないんだよ。

武藤　長州さん、500円玉貯金とかやってんだ。

長州　俺は500円玉貯金が好きだ。でも、もっと先を見て投資とか何かをやっておけばよかったって思わないでもない。たとえば土地を買っておくとかな。

武藤　でも投資ってリスクがあるじゃないですか。

長州　まあ、それも考えだよ。考えは家庭によってみんな違うし。

武藤　俺は1991年に結婚するってときに家を買ったんですよ。

長州　それはいまの家？

武藤　いまの1個前のやつ。ちょうどバブルが終わった1991年に、俺は家を8000万で買ったんですよ。まわりの家は1億2000万くらいだったんだけど、俺はいちばん最後に8000万で買えて、子どもが小学校に上がるときに手狭になるって言うんで、いまの家に引っ越しするんだけど、その家がいくらで売れたかっていうとたった3000万だからね!?

――えっ、築何年ですか？

武藤　10年くらいですよ。なのに3000万って。俺は頭金で4000万を入れたから頭金にもならなくて凄く損したよ。だけど、まだ若かったからさ。

――しょうがねえな、また稼ぐか、みたいな。

長州 俺の場合は25坪の土地を買ったんだよ。たったの25坪だよ。

「俺は40年以上もいたリングから降りて、気持ちがさらにリングから離れていったいまの状態がちょうどいいよ」（長州）

武藤 買ってんじゃん。それって都内ですか？

長州 都内。そこに砂利を敷いてクルマ5台分の駐車場にしたんだよ。

武藤 あっ、いいじゃないですか。

長州 それをずっとやってたんだ。

武藤 えっ、その駐車場はいまもあるんですか？

長州 とっくに売った。

武藤 あっ、もう売ったんだ。

長州 まあ、化けたよな。

武藤 それは得したってこと？

長州 うん。

武藤 マジかよ。俺なんか全然損したよ、本当に。

長州 それも家内がやってたんだけどな。

武藤 最終的になんでそこを売っちゃったんですか？　いまでも持ってたらすげえ得したでしょ。

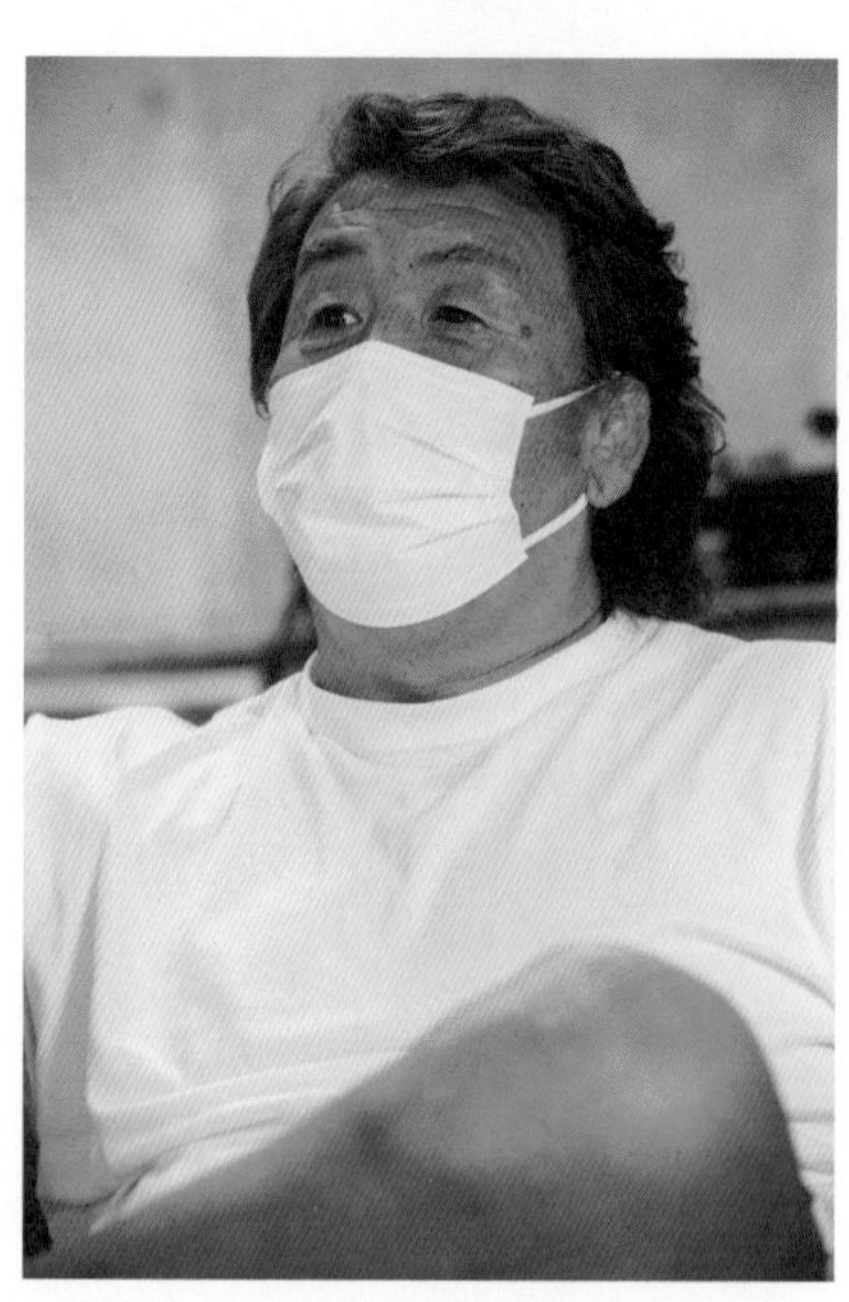

長州 いや、そのときはそのときで十分だったんだよ。

武藤 すげえ儲かってんじゃん！

長州 デカイ声を出すな。商店街の前の25坪のちっこい土地だったんだけどな。

武藤 うわあ、いいなあ。

長州 いいなあって、だからもうねえんだって（笑）。

――長州さんも武藤さんも、やっぱりいまだに心身ともにコンディションがいいというのがいいなあと思うんですよね。

武藤 いやあ、俺はいま腰が痛くてさ。やっぱ股関節も痛いし。

長州 泣くな、敬司。

——武藤さんは現役ですけど、やっぱり現役を引退をされた人は表に出る機会も減るし、あまりコンディションがよろしくない人が多い気がするんですよ。

武藤　それはあるかもな。

長州　敬司もたぶん同じ部分があると思うけど、俺の場合は、家内の力がやっぱり強いよね。

武藤　なんの話？

長州　やっぱり家内がいつもちゃんと家から送り出してくれるっていう。

武藤　それ、コンディションと関係ないじゃん。

長州　ウチの家内はあまり俺に心配をかけるようなことも言わないし。そりゃこれまでにいろいろあっただろうけど、3人の娘たちもデカくなったから、いまはふたりだけで過ごしてるよ。敬司のとこなんかは子どもはいまからだろ？　まだまだだよ。

武藤　いやもう、娘も来年くらいで大学を卒業するからね。だからボチボチ終わりでしょう。もう自分の力で生きていってくれないとさ（笑）。

長州　子どもをそれなりに育て上げるっていうのは大変だよな。だから何度も言うけど、それぞれがどういうふうに物事を捉えて生きていくかって、これはもうみんな違うんだから。俺はもう40年以上もいたリングから降りて、途中から「もう無理だな」っていう目で見られてるっていうのはわかるんだけど、俺は気持ちがさらにリングから離れていったいまの状態がちょうどいいよ。

「プロレスのほうが絶対にラクだから引退しないほうがいい。長州さんはよくがんばってやっているけど芸能は本当にしんどいよ！」（武藤）

武藤　長州さんはそうやって「プロレスから離れた」って言うじゃん。でも俺はね、プロレスがラクでねえ。長州さんと一緒にテレビ番組に出たりするじゃん。本当にプロレスよりもしんどいんだから。プロレスなんか一生懸命にがんばったってせいぜい20分だよ。いや、変な意味じゃなくて、プロレスよりもテレビの仕事のほうが大変だよ。

長州 ああ、大変だよな。

――それはプロレスが大得意だからですよね。

武藤 わかんないけど、とにかくプロレスのほうが全然ラクだもん。テレビは本当に大変だよ。

長州 本当に大変。

武藤 俺たちはプロデューサーとかディレクターの駒であって。

長州 本当に駒。

武藤 俺の言葉をなぞらないでよ。

長州 それで、いままでそういう人たちがいなかったじゃん。参考になるのがいなかったから。

武藤 そうそうそう。だから長州さんはよくがんばってやっていると思うよ。だから引退しないほうがいいんだよ。絶対にプロレスのほうがラクだよ。

長州 でもな、敬司。やっぱり自分の足でしっかりと歩けなくなったりしたらしんどいぞ？ どっかで早く見切りをつけないと。

武藤 嫌だよ！ 芸能は本当にしんどいよ！

長州 敬司、泣くな！

――でも武藤さんから見て、長州さんってとてもいいあがり方をしたように見えないですか？

武藤 そりゃ思うけどさ、このあがり方って俺たちが努力して真似できるものでもないじゃん。特に芸能みたいなのってさ。芸能で注目を浴びるっていうのは誰もが努力次第でなんとかなるものでもないじゃん。そういうのは真似しようがないから。

――真似できないからこそ、いい感じではありますよね。

長州 敬司、おまえ、ひょっとして俺のことをバカにしているわけじゃないだろうな？

武藤 いやいや、バカにしてないですよ！ どこを取ってそう思ったんですか。

長州 まあでも、こういうコンディションのままでリングを降りているからこそ、こんなコロナになっても仕事をいただけるし。

――コロナの中で人気爆発ですからね。

長州 でも俺はそんなに甘くは考えちゃいないよ。長くやれるアレでもないし。

武藤 ただ、多くの先輩レスラーの方々を見ても、たしかにみなさん本当に身体がガタガタだよね。

長州 そこまでしてやっとリングから降りて、そのあと何かしらの仕事がもらえるかって言ったら、残念ながらそれは無理だろうな。

武藤　でも、たぶん現役から離れた人のほうがガタガタになっているよね。現役にしがみついている人たちのほうがまだなんて言うの、やっているっていう意識があるから。

長州　あっ、そういうのはあるかもな。

武藤　まだ現役でやっている人は、俺も含めてそこまでガタガタにはなっていないですからね。

「俺が1日に何回もシャワーを浴びてるのはコロナを流すためにやってるんだよ。手洗いだけじゃ済まないぞ、本当に」（長州）

長州　ということは、おまえにはリングもあるし、別の仕事もあるし、毎日気を張りつめられてよかったじゃないか。

武藤　いや、マジでそうですよ。でも俺なんかはいつも精神的にはしんどいですよ。まだリングに上がってるから今日だって練習してきたし。でもリングに上がらなくなったら、俺はたぶん練習はやらなくなると思うよ。

長州　おまえはそういうタイプ？

武藤　たぶんね。

長州　まあ、俺とおまえとでは上がってきた形が違うからな。俺は絶対に身体を動かさないとダメなんだ。半分以上をアスリートでやってきたから。

武藤　まあ、汗をかかないと酒を飲んだってうまくないですよね。

長州　そういうのも感じるだろ。俺は肉体的にいちばん苦しいと思ったのは、アマレスでオリンピックに行くまでのときがいちばん苦しかったよ。

武藤　あっ、それはそうでしょうね。そりゃアマチュアスポーツは厳しいですよ。

長州　自分でもよくこなせたなって思うよ。

――武藤さんも柔道の全日本強化選手で。

武藤　いやいや、俺よりも強いヤツはいっぱいいたから。あいう世界で頂点を極めるのは本当に難しいよ。

長州　だから俺には根底にそういうアスリートの部分がどっかにあるんだよね。まあ、それをプライドって言うとアレだけど、この業界でデビューしてからはそこを見せびらかそうとかはまったくなかったし。

武藤　いまはなんのために練習してるんですか？

長州　いまは健康だよ。

武藤　健康のためなんだ。

――だからこのコロナもあったりして、結局、自分の身を助けるのはコンディショニングなんじゃないかっていう。

武藤　それはまちがいなくそうですよ。

長州　ああ、マジでそうだよ。

武藤　だって前田（日明）さん、こないだコロナで入院してたんでしょ。ワイドショーでもやってたよ。

長州　入院してたの？

武藤　うん。めちゃくちゃしんどかったって。

長州　日明は身体を動かすことをなんにもしてなさそうだもんな。俺はリングを降りて2年数カ月が経ってるけど、現役のときから体重を20キロ落としてるんだよ。でも、ちゃんとご飯は食べてる。

武藤　プロレス界では（田中）ケロちゃんもヤバかったんですよね。もう大丈夫になったらしいけど。

長州　最近は「知ってる人間が」っていう話がちょくちょく耳に入ってくるんだよな。ちょっと怖いよな。ただ、敬司もそうだろうけど、俺もほとんど仕事以外は外に出ないからな。

武藤　でも家族がどっかからもらってきたらアウトなんですよ。

長州　それは言えないじゃん。みんなテレワークとかがんばってやってるし。とにかく俺は1日に何回もシャワーを浴びてるからな。あのシャワーを浴びてるのもふざけてるわけじゃない、コロナを流すためにやってるんだよ。手洗いだけじゃ済まないぞ、本当に。

武藤　プロレス界もコロナでなかなかやられてるよね。マジでたまったもんじゃねえよ。

長州　次の総理大臣は河野太郎さんかね？

武藤　いきなりなんの話だよ！？（笑）。

長州　やっぱり英語がしゃべれるというのは強いだろ。じゃあ、敬司は誰がなると思うんだ？

武藤　はい？　まあ、岸田（文雄）さんとかもいるじゃん。

長州　おっと、岸田さんときたか。まあ、たしかに顔に覇気があるよな。なるほど、そのセンがあったか。

武藤　感心しなくていいですよ、俺は適当に言ってんだから。

長州力（ちょうしゅう・りき）
1951年12月3日生まれ、山口県徳山市（現・周南市）出身。元プロレスラー。
専修大学レスリング部時代にミュンヘンオリンピックに出場。1974年に新日本プロレスに入団し、同年8月にデビューを果たす。1977年にリングネームを長州力に改名。メキシコ遠征後の1982年に藤波辰爾への噛ませ犬発言で一躍ブレイクを果たし、以後、"革命戦士"のニックネームと共に日本プロレス界の中心選手となっていく。藤波との名勝負数え唄や、ジャパンプロレス設立からの全日本プロレス参戦、さらに新日本へのUターン、Uインターとの対抗戦など、常にプロレス界の話題のど真ん中を陣取り続けた。2019年6月26日、後楽園ホールで現役ラストマッチをおこなった。

武藤敬司（むとう・けいじ）
1962年12月23日生まれ、山梨県富士吉田市出身。プロレスラー。
柔道で全日本強化指定選手にも選ばれた実力をひっさげて1984年、新日本プロレスに入門。同年10月4日、蝶野正洋戦でデビュー。早くより将来のエース候補と目され、1985年11月にフロリダ州への海外遠征に出発。帰国後、UWF勢との抗争などを経て、1988年に再度海外へ。NWA（のちのWCW）でグレート・ムタとして大ブレイク。世界的な人気を博すことになる。新日本においてもIWGP王者、nWo JAPAN、BATTとして活躍するが、2002年1月に全日本プロレスに移籍。全日本退団後はWRESTLE-1旗揚げや『プロレスリング・マスターズ』主催などを行う。2021年2月12日、プロレスリング・ノア日本武道館大会で潮崎豪を下し第34代GHCヘビー級王者となる。同年6月6日、丸藤正道に敗れ同王座3度目の防衛に失敗するが、現在もレジェンドレスラーとして強烈な光を放ち続けている。

ONSEN WARRIORS
CHOSHU

第118回 2021年8月の日記

今回は2021年8月の日記をココに掲載したい。メモ程度なので見直してみて「これはなんだ?」というモノもあるので補足説明的なモノも入れてみた。特に今回は一部意味不明なことを書いているが、自分のために書いたモノをあえて載せてみた。誰も興味がないと思うが、暇つぶしにご覧いただきたい。

8月4日　79・6キロ
バ吾A・ザ・ギース高佐・ママタルト檜原トークライブ~限定ライブ配信~
『ママタルト檜原に聞く』

リモートで真面目に聞くシリーズ。若手なのに考え方がとてもしっかりしていて頭が下がる。ママタルトは一押しというか単純に彼らのファンなので活躍していると嬉しい。

日付の下の数字は、その日の朝に測った体重である。

8月7日　79・5キロ
木村祐一班ルミネコメディ出番。

自分の至らない部分をテンションでごまかす。

8月8日　79・5キロ
オリンピック閉会式。

ドローンの集合体を見たかった。

8月12日　79・6キロ
千鳥のクセがスゴいGP収録

友近とコント。アドリブからネタを仕上げていく作り方にだいぶ慣れてきた。またチャレンジしたい。

バ吾A・しずる村上・小籔千豊トークライブ~限定ライブ配信~
『小籔に聞く』

予定時間を大幅にオーバーしたが、話が大変興味深く濃密な時間だった。

8月14日　79・6キロ
HOLY SHITにて新宿伊勢丹襲撃事件Tシャツ購入。

HOLY SHITが新宿伊勢丹メンズ館

バッファロー吾郎A

バッファロー吾郎A/本名・木村明浩（きむら・あきひろ）1970年11月24日生まれ/お笑いコンビ『バッファロー吾郎』のツッコミ担当/2008年『キング・オブ・コント』優勝

にて期間限定で出店。伊勢丹とプロレス事件簿の見事なコラボTをゲット。

8月15日　79・6
某動画サイトにゲスト出演。

お笑い界に激震が走る2日前。さびしいが、会えなくなるほど遠く離れるよりはさびしくない。計算して泣くのは違うし、『芸人だから泣くな』という理論もちょっと違う気がする。いろいろあっていまは詳細を書けないが、ひとつたしかなのは、私は激流にのまれてはおらず、激流の支流である小川のせせらぎに足が浸かっている状態。激流にのまれているフリは寒い。かといって、「私は小川のせせらぎだ」と言える空気でもない。だからどう立ち振舞えばいいか、脳みそをフル回転させながら複雑な感情で対話する。2日後以降にアップする予定みたいだが、お蔵入りしたほうがいいような気がしないでもない。

8月17日　79・8キロ
ワクチン2回目接種。

熱が上がる前に解熱剤を飲む。

本編は観ていないが、たぶんお蔵入りしそう。

ご本人の都合で自由にしてもらってかまわない。それがいちばんいい。

8月18日　79・6キロ
ワクチン接種後1日経過。

早めに解熱剤を飲んだせいか平熱。だが薬の効果が切れそうな時間になると頭がぼっーとする。腕（左腕）は筋肉痛で寝返りがうてない。

8月19日　79・6キロ
イップマン継承を鑑賞。

WOWOW録画にて。イップマンvsマイク・タイソンという夢の対決が実現するが、それが序章にすぎないのがいい。vsサモハン・キンポーのときもそうだが、この決着が好き。腕はまだ痛い。

8月22日　79・8キロ
ブルーインパルスのリハーサルを見る。

8月24日　79・5キロ
リットン調査団水野さんと打ち合わせ。

とある場所で打ち合わせ。上京して13年、こんな場所に稽古場があることを初めて知った。

8月27日　79・6キロ
バ吾A・POISON吉田・しずる村上・はりけ～んず前田トークライブ「前田さんに賞レースMCを聞く」

まるでお笑いコンテスト版『ドラゴン桜』のような内容だった。

8月30日　79・5キロ
「Aカード7～ファニー坊主めくり～」
【出演】バッファロー吾郎A、ハリウッドザコシショウ、ザ・プラン9ヤナギブソン、ザ・プラン9浅越ゴエ、鬼ヶ島アイアム野田、R藤本

初の5人プレイ。優勝はヤナギブソン。

姉さん、僕の2021年8月はこんな感じでした。

プロレスがわかれば世の中が、
そして世界が見えてくる。

斎藤文彦×プチ鹿島

活字と映像の隙間から考察する

プロレス社会学のススメ

撮影：タイコウクニヨシ　司会・構成：堀江ガンツ

第18回 プロレスラーと言葉

プロレスはリング上の闘いだけでなく、プロレスラーたちによるリング内外での〝発言〟に煽られたり、共感したり、深読みしたりすることも大きな魅力のひとつとして挙げられるだろう。

なぜ、彼らの言葉は人々の感情を揺さぶり、後世まで語り継がれるのか？

政治家たちによる言葉が一様に響いてこない昨今。いまこそ「プロレスラーと言葉」について考えてみたい。

「全日本の四天王はコメントを引き出しにくく、新日本とかUWF系はわりと各選手から自由な発想のコメントを引き出すことができた」（斎藤）

——今回は「プロレスラーと言葉」というテーマで語っていこうと思うんですよ。プロレスほど「言葉」が重要なスポーツもないんじゃないかと。

鹿島　菅（義偉）さんの記者会見なんかを見ていてもそうですけど、本来いちばん言葉が重要視されるはずの政治家の言葉が、全然響いてこないじゃないですか。あれを見ると「昭和のプロレスラーって偉かったな」ってつくづく思っちゃって（笑）。たとえば天龍（源一郎）さんにしても長州（力）さんにしても、試合はもちろんですけど、言葉を武器にしてスターになっていった部分があるじゃないですか。

斎藤　やはりそれはプロレスがメディアと共に歩んできたスポーツだからということが大きいと思います。プロレスにはマイクアピールという文化があるし、また試合後のコメントもスポーツ紙やプロレス専門誌にかならず載る。つまり、試合結果と試合経過の記述以外に選手がそこでどんなコメントを残したかっていうのもプロレスを作る大きな要素のひとつですから。

——しかも、その言葉が選手の人気を左右するわけですもんね。選手の考えにファンが共鳴したり。

鹿島　1980年代、日本のプロレスは長州、天龍、前田日明など、活字としての言葉を立たせたスターが次々と誕生したじゃないですか。一方、マイクアピールという部分では、アメリカは日本のずっと先をいっていた

と思いますけど、「言葉」という意味で、日米のプロレスに大きな違いはあるんですか？

斎藤　アメリカのマイクアピールというのは、コンテンツとして完璧にプロデュースされたものなんですね。それはバックステージのカメラの前でのアピールも同じです。だからマスコミによってジャーナリズム的に引き出されたコメントっていうのはまずないんです。

鹿島　なるほど。

――じつは最近の日本のプロレスも、そういう形になっていますよね。

斎藤　日本で一番メジャーな新日本プロレスは、そういう意味でもWWE化していますよね。

鹿島　「言葉を武器にする」という意味合いが、かつての長州、天龍、前田的なことではなく、日本もアメリカンプロレス的なものになっているという。"生"の言葉じゃなくてしっかりと作り込まれたコメントということですよね。

斎藤　だからたとえばロス・インゴベルナブレス・デ・ハポン以降の内藤哲也のコメントで、あのキャラクターに則っていない言葉をボクらは知らないわけです。

――内藤哲也本人が語っているんだけれど、生の言葉というよりも「内藤哲也」というキャラクターが語っている言葉であるという。それはロウやスマックダウン内で語られるWWEスーパースターと同じなわけですね。

鹿島　80年代後半から90年代の日本のプロレスは、コピーライター的なセンスが光るレスラーがいましたよね。さっき言った長州、天龍、前田だけじゃなく、女子も凄かったし。

――レスラーと記者の関係でいうと、記者はそういったレスラーの生の言葉を引き出して記事を作っていくし、レスラーもその記者を通じて誌面を利用してのし上がっていった例がいくつもありますよね。

斎藤　いまとは少し違った意味で言葉を管理された空間としては、90年代の全日本プロレスの四天王はコメントを引き出しにくい人たちだったんです。だけど昔の新日本やUWF系はわりと各選手の自由な発想のコメントを、引き出すことができたんです。

――選手の生の言葉からストーリーが生まれていくようなことが、昔はありましたもんね。

斎藤　前田さんあたりはあえてそのつもりで発言していたようなところがありましたよね。第1次UWFが興行機能を失い新日本に戻ってきたとき、「1年半のUWFでの活動がなんであったかを確認するためにきました」とそのまま活字になるコメントがあった。

鹿島　UWF勢が全員スーツでリングに上がって、カッコよかったですよね。

――あの堂々たるマイクで、前田日明の格が一気に上がった感じがありましたからね。同じく団体が潰れて新日に乗り込んできたのでも、ラッシャー木村の「こんばんは」事件とはえらい違いという（笑）。

鹿島　あれも別の意味の伝説を残しましたけどね（笑）。

斎藤　前田さんは「アントニオ猪木だったら何をやっても許されるのか！」も名コピーだった。

――あれも凄い発言。単にヒールが猪木に対して毒づくのではなく、アントニオ猪木という絶対的な存在に疑問符を投げかけて、ファンに対しても「それでいいのか？」と暗に問うてるわけですもんね。

斎藤　前田さんのピュアな感覚と、文学的な感性によって生まれた発言だと思いますね。

「新日本に移籍したあとのブルーザー・ブロディというのは、言葉、活字によってさらにブレイクしたレスラーだと思う」（鹿島）

鹿島　そして長州さんなんかの場合、フレーズの強さですよね。「かませ犬」とか「非常ベル」だとか「ど真ん中」なんかも含めて。いま、長州さんが世間でハネてるって、そういうことじゃないですか。

――「飛ぶぞ」とか、普通じゃ出てこないボキャブラリーですもんね（笑）。

鹿島　でも、ああいう長州さんがフレーズの強さで注目を集めるっていうのは、ボクらプロレスファンからすると長年見慣れた光景じゃないですか。それをいま、世間で同じことをやってウケているという。

――長州さんも感覚としてそれをわかっていてやっていますよね。

鹿島　あとは北斗晶さんもそうですよね。テレビタレントとしても大成功されましたけど。

斎藤　北斗晶は頭がめちゃくちゃよくて、言葉の反射神経も凄くて、感性が鋭い人だと思います。かつて90年代前半のフジテレビ『全日本女子プロレス中継』や全女のビデオソフトでは、試合の前後にコメントブースでのインタビュー収録がありましたけど、ディレクターから「こんなことを言ってください」みたいなのはなかったんです。ほとんど選手まかせで。北斗はそのときのコメント力がずば抜けていた。

鹿島　だから大阪の芸人が大阪で売れたあと、東京でも売れるみたいな感じで。プロレス界の中で言葉の強さで売れて、また芸能界でもその言葉の強さで売れたんですよね。

斎藤　90年代に熱心に女子プロレスを追っていた人にとっては、テレビタレントとしての現在の北斗晶の振る舞いには既視感があると思うんですね。でも一般視聴者にとってはそれが新鮮なので、そこでも常に新しい支持層を獲得しているんですよね。

鹿島　だから佐々木健介さんにとっては最高のパートナーですよね。

斎藤　健介さんはそこは上手じゃないですから。でも、彼がああいう感じだからいいと思うんですよ。北斗さんと同じようにものすごい回転の速さでまくしたてる人が横に立っていたらぶつかってしまう。だから、口数が少なくてニコニコした人のほうがいいんです。

――宮川大助・花子的な夫婦漫才として正しいという（笑）。

鹿島　お互いの利害関係が見事に一致した感もありますよね。健介さんにないもの、北斗さんにないものを補完し合うという。

――昔のアメリカマットにおける、日本人レスラーとマネージャーみたいですよね。英語が達者じゃないから、しゃべりは全部マネージャーがやるという。グレート・ムタにゲーリー・ハートが付くみたいな。

鹿島　そうそう。健介さんの場合は日本語が達者じゃなかったっていう（笑）。でも、それが芸能界では寡黙でニコニコしているいい夫みたいなイメージでウケたんですよね。

斎藤　それがいいんだと思います。

――健介さんの場合、自分からコメントを出すと「ポカした」とか「正直スマンかった」とか、完全に事故ですからね（笑）。

鹿島　あと外国人レスラーでいうと、新日本に移籍したあとのブルーザー・ブロディというのは、言葉、活字によってさらにブレイクしたレスラーだと思うんですけど。

斎藤　テレビ朝日の『ワールドプロレスリング』は、ブロディの精神性やメッセージみたいな部分まではうまく伝え切れていなかったと感じます。そこは専門誌が負ったところが多分にあると思います。

鹿島　活字によって、ブロディはほかの大物外国人と違った存在感をまとうようになりましたよね。いろんな「ブロディ語録」も誌面を飾って。

斎藤　しかも、それが〝新日映え〟する言葉の数々だったのでしょうね。

――その活字に古舘伊知郎アナウンサーが乗っかって「インテリジェンス・モンスター」と名づけていなかったら、ブロディがあそこまでの存在になっていなかった気がします。

鹿島　それまで全日本時代は、ピンのエース外国人として来日した場合、意外とお客が呼べないとか言われていましたよね？

斎藤　そういう評価でしたね。馬場さんはわりと早い段階からブロディをシリーズのエース外国人に起用したんです。だから来日2年目からチャンピオン・カーニバルの決勝戦まで進出しているし、ドリー・ファンク・ジュニアを倒してインターナショナルヘビー級のベルトも獲っている。そしてハンセンとのミラクルパワーコンビも3年やって、全日本の最強外国人コンビの名をほしいままにしたけれど、その3年間はハンセンのほうが格上のイメージなんですよね。

鹿島　そうでしたね。

――やはりピンフォールを取るのはハンセンのウエスタン・ラリアットだから、ハンセンが上に見えたんですよね。またハンセンが陽で、ブロディは陰という感じで。

鹿島　明るくてわかりやすいハンセンの強さと違って、ブロディの魅力は地方までなかなか響かなかったということですかね。そんなブロディが活字プロレスとともに化けていくという。

「オールスター戦のとき、なんらかの形で猪木さんが来るだろうっていうのは馬場さんもわかっていたらしいです」（斎藤）

――ブロディが新日本に移籍した1985年は、ゴールデンタイムで放送していたテレビ視聴率が落ちていった時期で、それと反比例するように『週刊プロレス』や『週刊ゴング』という紙媒体の影響力が大きくなっていった。そういうプロレスがマニアックになっていった時代と、〝活字レスラー〟であるブロディが合致したんでしょうね。

斎藤　でも、スタン・ハンセンも日本のプロレスにおける活字媒体の重要性というものを早くから理解していた人だったんです。だから週プロが創刊される前の『デラックス・プロレス』のインタビューや特写の取材もバンバン受けていたし、「日本では記者を利用しろ」ということを学習した最初の外国人レスラーのひとりでした。

鹿島　ブロディのほうはインテリジェンスなイメージが活字とうまい具合にフィットしましたよね。元新聞記者、スポーツコラムニストという幻想もありましたし。あれは新しいパターンでした。

――昭和の猪木プロレスというのがまた文学性がある世界だから、ブロディが知的な言葉がもの凄く活きたんですよね。

鹿島　古舘伊知郎さんや村松友視さんの大好物でしょうね（笑）。

――あの人たちの文脈の中で活きるっていう。だから〝元祖・活字レスラー〟はアントニオ猪木だと思うんですよ。

鹿島　たしかに。

――新日本旗揚げ当初から「こんな試合を続けていたら10年もつレスラー生命が1年で終わってしまうかもしれない」とか、言葉のイメージ戦略に長けていて、そのメッセージ性も含めて信者的なファンをどんどん増やしていきましたからね。

鹿島　キャッチーでしたよね。

――試合後のリング上でのインタビューとかもそうですけど、演説的なことがうまいんですよね。数年前、アリvs猪木の完全版DVDが出たじゃないですか。あれは試合がノーカット収録されているだけじゃなく、試合前の記者会見もフルで収録されているんですけど、あれが最高なんですよ。あの天下のモハメド・アリとアントニオ猪木が台本なしでやり合うという。

斎藤　『水曜スペシャル』の90分枠で特番放送されたテレビ朝日版の記者会見ですね。

――猪木があの場で演説をぶるんですよ。いかにがんじがらめのルールかっていうのを「私は」っていうちゃんとした言葉でとうとうと訴えていくわけですよね。しかも全国生放送。これって台本棒読みばかりのいまの政治家ができないことですよ（笑）。

鹿島　現職の総理大臣より、国会議員になる前の猪木さんのほうが弁が立っていたっていう（笑）。猪木さんからすれば記者会見もまた「世界のアリ」との1対1の対決の場だから、「ここだ！」っていうのがあったかもしれないですね。

斎藤　あの記者会見は予定調和な感じがまったくなく、緊張感が凄かったですよね。それはアリ軍団のほうも、アントニオ猪木というプロレスラーが何を言い出すかわからないからどこか疑心暗鬼になっていた。言葉による本物のやりとりがあったわけです。

鹿島　あの記者会見の場すら闘いという。

斎藤　そもそも単なるショーだと思って来日して、アリ陣営が通訳のケン田島さんに「リハーサルはいつなんだ？」って聞いたら、「そんな予定はないですよ。試合をするだけです」って言われて驚いたわけでしょ。でもアリはボクシングではない「試合」をちゃんと受けて立ったし、猪木さんもその試合を実現させるためのルール変更を飲んだ。そこが素晴らしいですよね。

鹿島　まさにお互いのプライドがルールという。

――あと70年代の猪木さんといえば、終生のライバルである馬場さんに対する発言の数々ですよね。沈黙の馬場に対して対戦をアピールし続けて、言葉で自分の正当性を訴えていくという。半ば反則的なフライング発言もあったりして。

斎藤　１９７９年8月26日、『プロレス夢のオールスター戦』でも、メインイベントのBI砲とアブドーラ・ザ・ブッチャー&タイガー・ジェット・シンの試合後、リング上から馬場さんに対して「今度リングで会うときは闘うときです！」というマイクアピールがありました。

――試合が終わってからの猪木が超元気なんですよね。マイクを握って「みんな、聞いてくれー！」とか言って（笑）。

鹿島　絶対に言うことを準備してきていましたよね。むしろ試合が終わってからが本番みたいな（笑）。

斎藤　馬場さんもなんらかの形で猪木さん

が来るだろうっていうのはわかっていたらしいです。でもリング上でああ言われたら、「よし、やろう!」と応えないわけにはいかないでしょ。結局、実現はしなかったけど。

鹿島　あの発言で馬場さんはよけいにカタくなったわけですよね。「信用できない」ってことで。

「全日本から天龍さんや大仁田さんという言葉を武器にする人が出てきたというのはおもしろいですよね」（鹿島）

——ああいうフライングをして既成事実を作ってしまうというのが猪木イズムだとしたら、それを許さないのが馬場イズムで。あの『夢のオールスター戦』と同じようなことが、22年後にZERO-ONEの旗揚げ戦（2001年3月2日、両国国技館）で起こったんですよね。メイン終了後に小川直也が乱入して、三沢光晴に対して「受けてもらおうじゃねえか、勝負を」っていうマイクアピールをダマでやったわけですよね。普通はそこで馬場さんの「よし、やろう!」じゃないですけど、「やってやるよ」みたいな感じで乗っていくところですけど、三沢さんは「おまえらの思うようにはしねえよ、絶対!」ってピシャリと拒絶するという。あそこに馬場イズムの逆襲を感じましたね。

鹿島　やったもん勝ちは許さないというね。あのマイクは三沢さんらしくて素晴らしかった。

斎藤　ああいうアングルじゃないシチュエーションでのマイクで何が言えるかというのは、レスラーのセンスと普段からの姿勢が問われると思います。

鹿島　マイクや発言ひとつとっても、新日育ちと全日育ちの違いが出ますよね。

斎藤　ジャンボ（鶴田）さんは、「全日本プロレスに就職します」以外にはプロレス史に残るコメントはあまり残していないですからね。

鹿島　そう考えると、全日本から天龍さんや大仁田さんという言葉を武器にする人が出てきたというのはおもしろいですよね。

斎藤　やはりジャンボさんは全日本の長男であり、馬場さんのあとを継ぐ立場にあった人じゃないですか。それに対して天龍さんは次男、大仁田さんは末っ子ということで、いつかは家を出ていく人たち。その違いは大きかったと思います。

鹿島　大仁田さんが饒舌になったのは、全日本を引退したあとですしね。

斎藤　でも昔から目立ちたがり屋ではあったんです。

鹿島　あっ、そうなんですね（笑）。

斎藤　大仁田さんがノースカロライナ州シャーロットでチャボ・ゲレロを破ってNWAインターナショナルジュニア王者になったとき、リング上から日本テレビのインタビューを受けて、「社長～～！」って泣き叫ぶシーンがありましたね。帰国してからも「ああいうマイクをやらせてほしい」って馬場元子さんに進言しては「ダメ！」って却下されていたんだそうです。

鹿島　全日本時代からそういう素養はあったんですね。元子さんに止められていただけで（笑）。

斎藤　ジュニア王者時代ですが、飛行機移動のときに事前に荷物を預けて目的地に到着後、それがベルトコンベアで流れてくるじゃないですか。大仁田さんは自分がチャンピオンだってまわりにわかるように、カバンに入れず裸のままチャンピオンベルトを預けて、それがベルトコンベアで流れてくるようにしていたという有名なエピソードがあります。

鹿島　大仁田厚らしくていいですね～（笑）。

斎藤　それでまた元子さんに「あなた、何してるの！」って怒られたりして（笑）。

――だから天龍さんも、全日本時代はほとんどマイクアピールってやったことがないですよね。

鹿島　ボクらには雑誌とかの活字で伝わってくる感じでしたよね。

斎藤　ヨカタにはしゃべらなくても、記者は仲間だからっていう感覚で自分の考えを語るようになったのでしょう。

――でも、半ば言論統制されていた全日本において、天龍さんが天龍革命前後から試合後のコメントで本音を語り始めたっていうのは画期的なことというか。全日本における、まさに革命でしたよね。

斎藤　天龍さんのああいう言葉っていうのは、最初は試合後のオフレコトークから始まったような記憶がありますね。ライバルだった長州さんたちジャパンプロレス勢が抜けて、やるせない気持ちをつぶやき始めたのがきっかけだった。

――それで「いつまでもジャンボと輪島のお守りには疲れた」っていう宣戦布告から天龍革命が始まるわけですよね。

斎藤　そこに各誌の全日本担当記者が乗っていったんです。やっぱり見出しになるような発言をほとんどしないジャンボさんの取材のしにくさっていったらなかったけれど、天龍さんは記事になるような発言をかならずしてくれるわけですから。

「ボクらが取材に行って、元子さんの中での予定調和じゃないことが起こったりするとその犯人探しが始まるわけです」（斎藤）

――ジャンボさんはプロレス的な言葉の仕掛けがまったくない人でしたもんね。

斎藤　最後までそれがなかったし、全盛期は強すぎたこともあってあまり人気がなかったかもしれない。

――信者的なコアなファンを獲得するためには言葉は必要不可欠ですよね。

斎藤　でも当時の全日本では、そういった発言は禁じられていたというか、成立しえないわけです。元子さんがボスといってもいい時代で、現場では馬場さんとイチ記者が直接話をすることはできないし、現実的には元子さんの方が馬場さんより偉いくらいだった。マスコミはみんな元子さんの顔色をうかがいながら取材をしていた。記者が選手たちの本音みたいなものを聞き出そうとすると、「プロレスってそういうものじゃないでしょ」という空気感が充満していた。

鹿島　団体側がプロデュースするものがすべてだと。

斎藤　「私たちが知らないところで、選手が知らないコメントをするなんてありえないし、それを聞こうとするマスコミもおかしい」ということ。それが全日本の価値観だからわかるんですよ。「(会社が決めた)アングルじゃないところで、ひとりアングルなんてあるわけがないじゃない」っていう話だし。でもファンが欲しているのは刺激的な言葉というか、真実だと信じることができる説得力のある言葉だと思うんですよ。それを全日本では言うことができなくて、新日本では長州や前田は言うことができたから、時代をつかんだんだと思います。

——新日本ではそういう発言が許されたことにプラスして、アントニオ猪木イズムが、長州さん、前田さんの中に入っていたからですよね。

斎藤　DNA的なものだと思います。だからジャンボさんにはそういう発想はない。

鹿島　そうなると猪木vs元子の闘いってことになりますよね(笑)。

——新日と全日の違いは、猪木イズムと元子イズムの違いだったという(笑)。

鹿島　所属選手のコメントっていうのは、元子さんの中では許可制のSNSみたいな感じなんでしょうね(笑)。

斎藤　だからレスラーも怒られるからそういうコメントはしないし。全日本プロレスの取材は全日本プロレスのルールにちゃんと従っていれば、元子さんの逆鱗に触れることはなかったし、それはそれで居心地のいい空間でもあった。ボクらが取材に行って、元子さんの中での予定調和じゃない何かが起こったりすると、その犯人探しが始まるわけですよ。「どこの社のなんてコ?」って。つまり犯人探しができるくらいに密閉された空間だったということです。

鹿島　中国のツイッターみたいなものですね(笑)。

斎藤　マスコミが10社として、取材に来る記者が1社ふたりずつとして最大でも20人。だから元子さんの中では犯人探しはできるっていう発想があったんだと思います。

鹿島　そういう中で天龍さんの言葉が立っていったっていうのは、やはり画期的でしたよね。

——だから天龍さんも天龍革命を始める当初は「馬場さんに歯向かうことをやっているわけだから、潰されるかもしれない」という覚悟を持って発言していたみたいですからね。

斎藤　いまはインタビュースペースで、団体側の仕切りのもと試合後のコメントを取りますけど、当時は控室の中に入ってジャンボさんや天龍さんがリングシューズを脱ぎながらつぶやくことをテープレコーダーで録ることができたんですよ。

鹿島　セッティングされた場所じゃなくてってことですね。

斎藤　そうです。ボソボソとしゃべる形でのコメントが録れたので、よりパーソナルな会話をすることで本音に近い部分のコメントを聞き出すことができたんです。

「総理大臣がずっとプロンプターを見ていて話してもダメですよね。自分の言葉じゃなきゃ人々の心には届かない」（鹿島）

――いまやそういったことは、完全になくなってしまいましたよね。

斎藤　いまはプロレスを報道している媒体も記者の絶対数も少ないし、選手がほとんど一方的にしゃべって、それをＩＣレコーダーで録る。あとはコメントスペースという画を撮るだけですからね。これはいまの取材陣に対する悪口になっちゃうかもしれないけど、いまの記者も聞く術を身につけていないわけ。もらったコメントをただパソコンに打ち込むだけみたいな感じになっているから。

鹿島　発表報道みたいな感じですね。官房長官の会見でもひたすらパソコンを打っているという。

――また、かつての全日本じゃないですけど、新日本なんかもストーリーから逸れたような本音をしゃべることなんてなくなったじゃないですか。それは冒頭にあったようにもともとのアメリカンスタイルなんでしょうけど。

斎藤　猪木さんの時代とはまったく違って、いまはバックステージでのコメントを含めて完全プロデュースですからね。ＥＶＩＬみたいなキャラクターの選手だけでなく、オカダ・カズチカだってフリートークではしゃべらせていませんよね。特に内藤選手とロスインゴ勢はちょっと演出過多な気がしますけど。あそこまでプロデュースしなくていいんじゃないかって。

――ＷＷＥをお手本にしているんでしょうけどね。

斎藤　ＷＷＥは試合後のコメント取材みたいなものは一切ない。『レッスルマニア』クラスのイベントならば共同記者会見はあるけど、本当のところの考えをジャーナリスト的なアプローチで選手に聞くみたいなことはまったくないから。

――アメリカは昔からバックステージでア

ナウンサーがインタビューする形ですよね。
斎藤　あれは番組の一部ですから。
——インタビューも含めてショーになっているという。
鹿島　だから今日の出だしで話した、長州、天龍、前田が言葉によってのし上がっていった、80年代から90年代にかけての日本のプロレスっていうのがいかに特異だったかということですよね。でも、あそこでレスラーの本当の生き様に触れたからこそ、いまでもファンなんだと思います。
斎藤　やっぱり現在進行形のプロレスラーのコメントは完全にストーリーラインに沿った言葉で、ボクらの脳裏に残る言葉ってなかなかないんですよ。
——リアリティが全然違いますよね。長州力のかませ犬発言も、もちろん反逆自体はアングルですけど、ずっと中堅で燻り続けた長州が一世一代の賭けに出たのはリアルじゃないですか。あの叫びが真に迫っているんですよね。だからこそファンの心に強烈に届いたんだと思いますよ。
鹿島　だから総理大臣がずっとプロンプターを見ていてもダメなのと一緒ですよね。自分の言葉じゃなきゃ人々の心には届かない。
——あの頃のようなプロレス文化というのはもう戻らないんですかね？
斎藤　ボクは戻らないと思います。日本のドメスティックなプロレス文化というのはやはり昭和のもので、平成まではなんとか残っていたけれど、もう完全に変容してしまった。それにいまはお客さんも辛気くさいプロレスっていうのはそもそも求めていないと思う。
鹿島　たしかにそうですね。
斎藤　もしかしたら棚橋弘至ひとりだけは、自分発信の言葉を残すレスラーであり続けるかもしれないけれど、もうすでに選手の口から本当に思っていることが出てくるようなプロレスじゃないんだと思います。
鹿島　プロレス自体が様変わりして、よく言えば完成度の高いエンターテインメントになったということですね。
——棚橋選手が興行を締める「愛してまーす！」というマイクを定着させたように、本音の言葉よりいかにして決め台詞を作るか。そういうことが重要視されるプロレスになったのかもしれないですね。

プチ鹿島
1970年5月23日生まれ、長野県千曲市出身。お笑い芸人、コラムニスト。大阪芸術大学卒業後、芸人活動を開始。時事ネタと見立てを得意とする芸風で、新聞、雑誌などを多数寄稿する。TBSラジオ『東京ポッド許可局』『荒川強啓 デイ・キャッチ！』出演、テレビ朝日系『サンデーステーション』にレギュラー出演中。著書に『うそ社説』『うそ社説2』（いずれもボイジャー）、『教養としてのプロレス』（双葉文庫）、『芸人式新聞の読み方』（幻冬舎）、『プロレスを見れば世の中がわかる』（宝島社）などがある。本誌でも人気コラム『俺の人生にも、一度くらい幸せなコラムがあってもいい。』を連載中。

斎藤文彦
1962年1月1日生まれ、東京都杉並区出身。プロレスライター、コラムニスト、大学講師。アメリカミネソタ州オーガズバーグ大学教養学部卒、早稲田大学大学院スポーツ科学学術院スポーツ科学研究科修士課程修了、筑波大学大学院人間総合科学研究科体育科学専攻博士後期課程満期。プロレスラーの海外武者修行に憧れ17歳で渡米して1981年より取材活動をスタート。『週刊プロレス』では創刊時から執筆。近著に『プロレス入門』『プロレス入門II』（いずれもビジネス社）、『フミ・サイトーのアメリカン・プロレス講座』（電波社）、『昭和プロレス正史 上下巻』（イースト・プレス）などがある。

KAMINOGE
WHAT IS STRENGTH

青木真也

バカサバイバー

収録日：2021年9月14日
撮影：橋詰大地　聞き手：井上崇宏

マッチョや格闘技をやっているのは
気が弱い人間!?
じゃあ、本当に強いのは誰!!

「業界をよくしようとかまったく思っていないし、次世代のためにっていうこともあんまり考えていないです。とにかく自分が思っていること、自分が考えている表現を忠実に出し続けていけたらオッケーなんですよ。それは自分が気持ちいいからやっているだけですから」

The Breakthrough

「意識的に『アンチはいないとダメだ』っていまだに思っていますから。ファンとアンチはイーブンくらいでちょうどいい」

――青木さん、ボクたちってなんだかんだ言って仲がいいですよね？

青木 編集長、いきなりどうしたの？

――まず、ここ数年、私が疑念を抱いていることについて話してもいいですか？

青木 なになに、言ってよ。水くさいな。

――青木さんって、人に「青木って俺のこと好きだよな」って思わせるのが得意ですよね。そう思わせるような動きをあちこちでやっていますよね？（笑）。

青木 いやいや、「けんかをやめて～、ふたりを止めて～、私のために争わないで～」って、竹内まりやの『けんかをやめて』じゃないんだからさ（笑）。

――いやいや、誰とも争ってはいないんだけど（笑）。

青木 争えよっ！

――実際に身に覚えはありますよね。いろんなおじさんたちに「青木真也は俺だけに心を開いている」と思わせ、上手にたぶらかせていることに。

青木 それって人たらし的な感じ？

――たらしているつもりもないかもしれないですけど、あちこちでちょいちょいつまんでおく感じというか。

青木 それはボクが定期的に「編集長、最近調子はどうですか？」ってLINEを送る動きとか？

――そうそう、そういうこととかですよ（笑）。それって意識的にやっているのか、それとも無意識なのか、どっちですか？

青木 これは無意識なんじゃないの？

――無意識でやっているんですか。身体が勝手に動いている感じですか？（笑）。

青木 そうですよ。

――それで「青木は俺には懐いてるんだよなあ」って思わせて、みんなが悪い気しないっていう。

青木 あー。ボクは無意識でやっていることだけど、そう思わせている実感はあるかもしれないですね。なるほど、たしかにそれはあります。なんかボクって普段はワルそうじゃないですか。やんちゃな人っていう言葉の使い方をしますし。だから、ちゃんと挨拶をするってだけでいい人ってことになっちゃうんですよね。

――そこから先は勝手にみんなが「青木ってじつはいいヤツだよ」って吹聴してくれて（笑）。

青木　でも昔と違っているのは、最近は「アイツはちゃんと話が通じるヤツだ」ってわかってもらえている前提というか、その上でみんながちゃんと付き合ってくれますけどね。ありがたいことに。

――あれだけ粗暴な若者だった青木真也が、ここにきてちょっと「話が通じるヤツ」に落ち着いたと。

青木　ボク、粗暴でした？

――粗暴だったでしょう。もうファンとアンチが半々くらいでしたもんね。たとえばＤＲＥＡＭ時代とか実感としてはどうだったんですか？

青木　まあ、昔はやっぱアンチが多かったっスよね。

――そのことは嫌でした？

青木　意識的に「アンチはいないとダメだ」っていまだに思っていますからね。ファンとアンチはイーブンくらいでちょうどいいっス。そこの塩梅はちょっと難しいところではありますけど、50：50くらいでいいと思っています。

――小学生のときに担任の先生からちょっといじめられ、クラス中からシカトみたいなことを経験してのこの人格なわけですよね。

青木　はい。

――だから人から嫌われることにはすっかり慣れっこなのか、それともやっぱり嫌なものは嫌なのか。どっちですか？

青木　いやいや、何を言ってるんですか。小学生のときからずっと慣れっこですよ（笑）。「そういうもんだから。俺は叩かれるのが当たり前だ」ってずっと思っていて、そこは全然変わっていないですよ。

「絶対に自分のことを〝推し〟にさせないように意識しています。推すっていう行為は人権侵害だと思っていますから」

――もうひとつ全然変わっていないことと言えば、格闘家としてあいかわらず強い。

青木　まあ、パフォーマンスはいいですよね。

――格闘技に関しては、誰にも真似ができないくらいにずっとストイックですよね。

青木　自分でもそうだという自覚はあります。

――本当に毎日、格闘家としてやるべきことをやって生活をしていますよね。

青木　だから矢地（祐介）くんとか、俺と一緒に練習をしているあそこらへんの人たちがみんな口を揃えて「なんだかんだであの人はいちばん真面目だからね」って言うんじゃないですかね。

――そうやってずっと強さをキープし続けている、生き方を証明し続けていることで、ファンとアンチが五分五分という青木さんの理想の状況ではなくなってきていることは感じませんか？　だいぶアンチが減ってきているような気がするんですよね。

青木　たしかにアンチが減ってきてはいるとは思うんですよ。でもそこに関して言うと、ボクは「推させない」ように意識しているんですよ。絶対に自分のことを「推し」にさせないようにしているんです。

――それはなぜですか？

青木　うっかり推しにされちゃうと、すぐに消費されていくじゃないですか。それで結果的に自分がやりたいことからどんどん離れていくんですよ。だって推し活っていうか誰か特定の人を推すっていう行為は、ボクはわりと人権侵害だと思っていますから。

――えっ、どうして人権侵害なんですか？

青木　だってそうじゃないですか。その人のことを推したい、その人のことがもっと知りたい、プライベートなことまでも知りたい。そうすると最終的には自分の好きな人のままでいてほしいから「コントロールしたい」というところまで思うわけですよ。それってこっちの人権というものを尊重していないわけですから、思いっきり人権侵害じゃないですか（笑）。だからそれをさせないために「絶対に推させない」っていうことは大事にしていますね。

――「絶対に推させない」か。ヤバイですね（笑）。

青木　あとはタニマチ付き合いとかもそうですけど、格闘家ってみんなちゃんとニャンニャンしたりしているじゃないですか？　そこでボクはナチュラルにニャンニャンはしないですから。「あっ、どうもー」みたいな感じで挨拶だけはしっかりとさせてもらいますけど、「あっ、ここからはボクの領分なんで」みたいなの部分はちゃんとしています。それは宇野（薫）さんとかもそうじゃないですか？　あの人も完全には推させないタイプじゃないですか（笑）。

――あー、たしかに。宇野さんも他者とは一定の距離感をキープしていますよね。

青木　そこってやっぱ大切だと思うんですよ。

――それは前田日明さんの言う、「人から定義されたら終わる。だから絶対に定義させちゃいけない」っていうこととちょっと相通ずる部分もあるんですかね。

青木　でも前田さんって、どうしてあんなに「知識あこがれ」があるんだろうって思いますけど。すぐに誰かの言葉を借りてくるんですけど。それって申し訳ないですけど、強いか弱いかで言うと、やっぱり弱いと思うんですよ。論客ワナビーというか、自分の理屈じゃないから人から影響を受けれやすい。だから最近も急に「反ワクチン」とか言い始めたり

するわけじゃないですか。そういう前田さんをウォッチし続けるのはおもしろいんですけどね。今回は前田さんも出ているんですか？

——前田さんは出ていないです。今月は長州さんとか武藤さん、あとはグラップリングと足腰が強い山田崇太郎さんとか。

青木 えっ、山田崇太郎が『KAMINOGE』に？ めっちゃ珍しくないですか？

——『KAMINOGE』初登場ですね。

青木 あのね、この話の流れで言うと、筋トレをするヤツっていうのは気が弱いんですよ。

——えっ、どういうことですか？

青木 マッチョの本質っていうのはビビリなんですよ。だってマッチョって、筋肉をつけて人を威圧したいわけですよ。と同時に自分に自信をつけたいわけですよね。だからマッチョはビビリであり、嘘つき。

——えっ、しかもマッチョは嘘つきってどういうこと!?（笑）。

青木 だってそうじゃないですか。マッチョに「筋トレしてる？」って聞くと「いや、あまりしてない」ってかならず言うじゃないですか（笑）。

——あっ、そういうこと（笑）。たしかにマッチョってそんな返しをしそうなイメージがありますね。

青木 そこでなんで嘘をつくかっって言うと、「俺は生まれながらにして強いんだ」っていうことを言いたいんですよ。先天的な強さへのあこがれがあるから、マッチョは嘘つきなんですよね。だからボクもチキンだけど、山田崇太郎もチキンだし。

「護身術なんていうのは嘘つきですから。『相手がこうしてきたらこう返す』とかっていうのは究極の水掛け論ですよ」

——名指しするのはやめてもらっていいですか。大きく「マッチョ」っていう括りでの話でしたよね？（笑）。

青木 もっと言うと、マッチョに限らず格闘技をやっているヤツっていうのはそもそもが気が弱い人間なんですよ。プロレスラーはわかんないですけど、格闘技をやっているヤツはたいていチキンです。だって、もともと強かったらやらなくないですか？

——要するに「強くなりたい」という思いが過剰な人たちってことですかね？

青木 そう。強さに対するコンプレックス、自分が弱いということに対するコンプレックスがあるから格闘技をやるんですよ。なおかつ、そこで強さを得られた人間は格闘技から去って行きますから。だから格闘技をずっとやり続けるということは、人間的には弱いんですよ。なので筋トレをやっているマッチョで、格闘技もやっているっていう人間は究極の気の弱さですよね（笑）。そこで問題なのは「自分は弱い」ということを彼らの多くが認識できていないんですよ。

――それは内心でもですか？

青木　はい。どうやら弱いっていうことを自分で認められていないですね。ボクもずっと強さにあこがれていますけど、同時に弱いっていうことも知っているんですよ。そこが大きな差なんですよね。

――そういえば、格闘家じゃなくて街でマッチョなヤツがオラオラして歩いているところとかを見かけると、たしかに「うわ、よわ〜」って思っちゃう（笑）。

青木　そうでしょ。格闘家もみんな弱いんですよ。その自分が弱いってことをまず認めないと。そこを認めてからが始まりなんですよ。

――青木さんが自分が弱いっていうことに気づいたのはいつですか？

青木　「マッチョはチキン」っていうのはだいぶ早くから気づいていましたよ。だって、また山田崇太郎を例に挙げて申し訳ないけど（笑）、アイツは昔からマッチョで、強さへのあこがれがめちゃくちゃ強いんですけど、試合前になると凄くビビっちゃうんですよね。ビビリすぎてわけがわからなくなって、戦極で相手のキンタマを4回蹴って反則負けになってるんだから（※金的を4回蹴られたのはレオ・サントス）。

――あれはわけがわからなくなってのことなんですか？

青木　ひよっちゃって。だってオープンフィンガーグローブって右と左があるでしょ。ボクが山田のセコンドについたとき、アイツは左手用のグローブをずっと右手に着けようとしていたんですよ。

――さすがにそれは嘘ですよ（笑）。

青木　本当なんですよ（笑）。もうそれくらいビビっちゃって。

――それは試合前の控室で？

青木　うん。22か23のときですよ。それでボクが「おい、山田。それ反対だぞ」って言ったら「えっ？　あっ、そうだ……想定内！」って言ったんですから（笑）。だからアイツはビビリだし、ボクもビビリ（笑）。ビビリであるっていうところを認めてからが強さへの第一歩であり、自分が弱い人間であるということと同時に「格闘技というのは強さとは何も関係ない」ということを知ることが強さですよ。

――またまためんどくさいことを言い出しましたね。それはいったいどういうことですか？

青木　たとえば暴漢っているじゃないですか。暴漢が新幹線で火をつけたとか、路上で人を刺しまくったとかっていう事件が起きると、かならず「格闘技をやっていれば……」って

言うヤツが出てくるんですよ。それとかはいちばんのバカですよ。あとは「やっぱり護身術が必要だ」って言うヤツもいるんですけど、あれほど無用なことはないですから。いくら格闘技をやっていたって、そういう「いざ」っていうときにはなんの役にも立たないですよ。

——格闘家はそういう局面で対応できないですか?

青木　できないですよ。それでよく柔術の道場で護身術とかを教えているじゃないですか? あれとか嘘つきだから。

——マッチョに続いて、護身術も嘘つき……。

青木　これはちゃんと書いておいてくださいよ。ああいう護身術とかっていうのは嘘つきなんですから。そもそも実戦をやったことのないヤツが教えているし、「相手がこうしてきたら、こう返す」とかっていうのは究極の水掛け論ですから。もっと言うと「いけちゃうヤツ」が絶対的に強いんですよ。「コノヤロー!」って後先考えずにいけちゃうヤツがいちばん強いので、こっちはそういう状況にならない、させないってことが重要なんですよね。それにはやっぱり知性が必要だし、リスク管理が大切なわけじゃないですか。なので格闘家たちが「格闘技をやっていれば強い」と思っている時点でそれは驕りですよね。

「ボクは基本的に言っちゃいけないところはわりと守っている感じです。意外と相手の商売を潰しちゃうようなことは言っていない」

——でもまあ、ボクら一般人のことを30秒もあれば素手で殺せる強さはあるわけじゃないですか(笑)。

青木　だからその程度の強さってことですよ(笑)。それで格闘家ってよく「真剣勝負」って言うじゃないですか。

——「俺たちはもしかしたら死ぬかもしれないことをやっている」とか。

青木　そうそう。それっていうのはプロレスに対しての「俺たちは真剣勝負をやってるんだよ」っていうニュアンスもあると思うんですよね。でもボクから言わせれば、格闘家の真剣勝負なんて「真剣勝負ごっこ」ですから。だってプロレスの中にも真剣勝負はありますよ。プロレスラーは存在をかけているんだもん。だから「真剣勝負とは何か?」と言うと、取り組みであり、存在をかけるということなんですよ。井上さんたちの仕事だってそうで、存在をかけているわけじゃないですか。だって記名でライティングしているんだもん。あなたたちの商売にも真剣勝負があるし、格闘技にも真剣勝負はある。ただ、「すべてが真剣勝負じゃねえよ」っていうのはありますよね。そこらへんがみんなちょっと足りないんですよね。格闘技はただの競技であり、ただの仕事なだけであって、べつに闘っていることが偉いなんてことはまったくないんですよ。

──ただし、どんなジャンルにもひと握りのすげえヤツがいるっていう。

青木　そう。ひと握りのプロフェッショナルがいる。でもそこは観ている人たちはみんなわかっていますよね。だからこそ格闘家がみんなして「命をかけてる」とか言っていることが、聞いているこっちが恥ずかしくなるっていうか照れくさくなっちゃうんですよ。MMAで人は死なないし、本当に死んだら困りますよ。そういう意味ではプロレスラーの強さってありますよね。だって、みんなから疑念を抱かれているわけじゃないですか。

──それがひとつの前提ではありますからね。

青木　「決まってるんでしょ?」みたいなことを言われるわけじゃないですか。そこを守り続ける強さは絶対にあるというか、それこそが強さですよ。最近は「もうそういう時代じゃないから」って、なんか許されたような気になって「オエッ」ってやっちゃう人が多いですよね。

──「オエッ」ってなんですか?（笑）。

青木　最近のYouTubeブームに乗っかって「あのとき、じつはこうだった」的なことをみんなして「オエッ」しちゃっているじゃないですか。でも田村潔司は絶対に「オエッ」ってしないですよね。

──田村さんはゲロしないですね。

青木　猪木さんも絶対にしないですし。その「オエッ」としちゃうのは弱さですよ。でも最近はみんなやっちゃうんですよね。

──瞬間的に一定数の民からは喜ばれますからね。「よくぞ言ってくれました!」っておだてられながら（笑）。

青木　それで気持ちよくなっちゃって、最終的に「やっぱ、もうゲロはいいですわ」って捨てられて終わりっていうね（笑）。

──青木さんは自分の職業で、これは「オエッ」しないぞっていうものって何かあったりするんですか?　っていうか、あったとしたら、そんなことをここで聞いちゃダメなのか（笑）。

青木　ボクはでも基本的に守っているものはけっこう守っていますよ。言っちゃいけないところはわりと守っている感じです。たとえば「これを言ったら相手が潰れちゃう」っていうことまでは絶対に言わないじゃないですか?

──そうですかね?

青木　相手が嫌なことはバンバン言いますけど、意外と相手

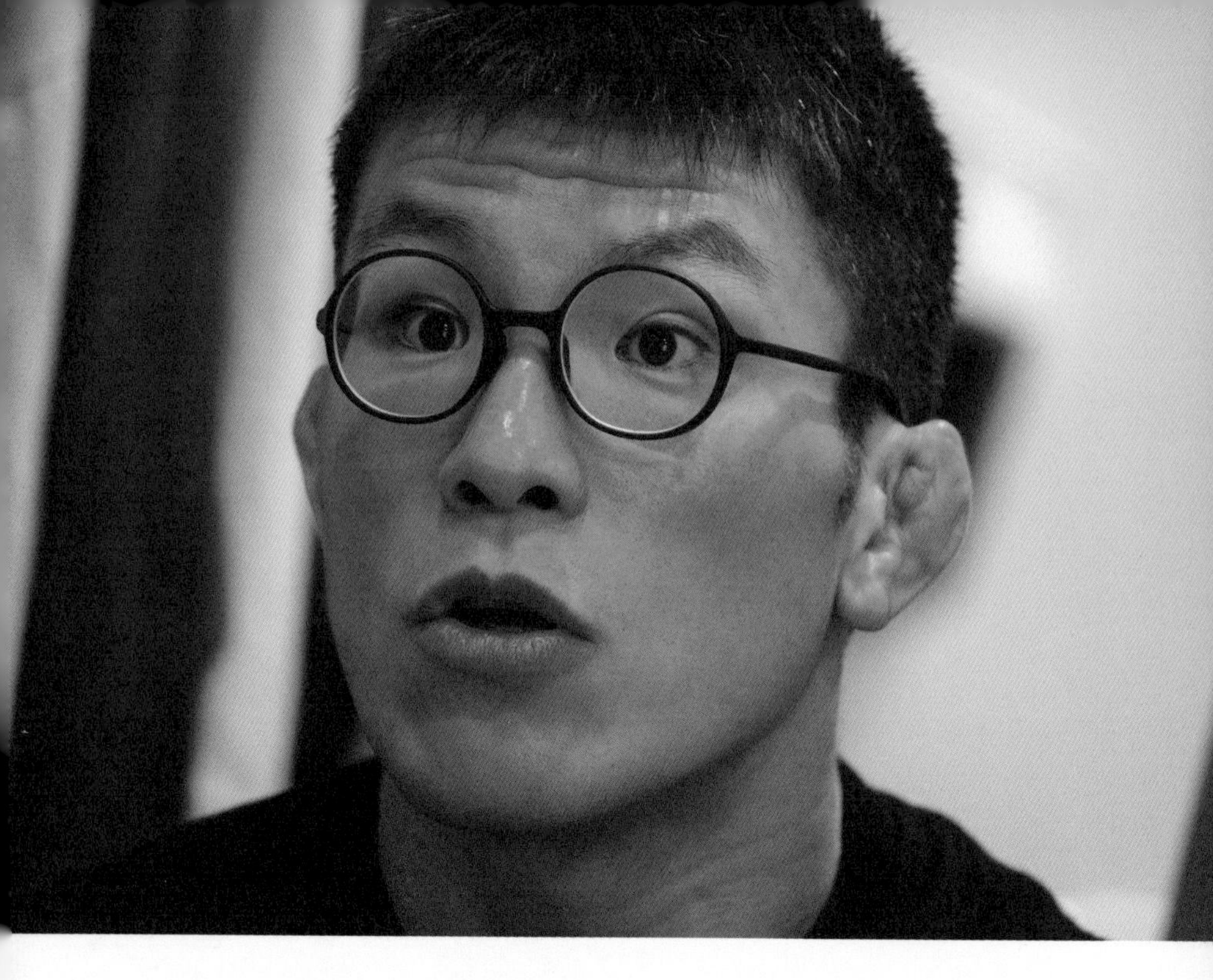

の商売を潰しちゃうようなことは絶対に言っていないんですよ。

――存在自体を消すようなことはしていないと。

青木　していないんですよ。ボクのいじり方っていうのは、絶対に相手のカムバックがあるじゃないですか。そりゃそこに至るまでのヒートは取りますよ？　ヒートは取るけどかならず相手にカムバックさせるので。ボクはそういうこころづもりで作っているつもりなんだけど、最近のインターネットを見ていると、ヒートで終わっちゃうんですよね。相手がカムバックしてこないんですよ。でもボクは絶対に相手を潰すつもりではやっていないです。

「矢地くんみたいなタイプこそプロレスを学んだほうがいいんですけどね。プロレスも格闘技もじつは一緒なんですから」

――言われてみればそうなのかな。ただ、たしかにリアクションを待つ態勢ではいますよね。

青木　そうですよ。誰にだってそうです。ＫＩＮＧレイナにだってカムバックはできますから。結局ね、人間の強さということで言うと、自分の豊かさとか領分ってものを知ったヤツがいちばん強いですよね。みんなそこを踏み間違えている

から、どんどん人生で苦労していくんですよ。

――現実とのギャップに打ちのめされる？

青木　ギャップもそうだろうし、自分がほしいものとか、どれくらいのものを手にしたらオッケーなのかっていうことをみんな把握できていないんですよね。そこでお金にキンタマを握られてたりしたら、もう負けですよ。自分がどういうことをやって、どういうふうに生きていきたいのかっていうことが明確にならないと、やっぱり弱いだろうと思いますよ。

――それは矢地選手が八隅孝平さんに言われた、「やっている練習にゴールがない」っていうこととちょっと似てないですか？

青木　それ、知らないです。どういうことですか？

――フリーになった矢地選手が八隅さんのところで練習をさせてもらっていたときに「さっきから見ていると格闘技っぽい練習をしているけど、それはなんのためにやっているの？それでどうやって勝つの？」って言われたらしいんですよ。それから矢地選手は八隅さんに指導を乞うようになったっていう。

青木　ああ、要はフィニッシュがないってことでしょ。それは試合の作り方のマインドの話になっちゃいますけど、たとえば矢地くんにはプロレスができないと思いますよ。それはたぶん彼には逆算ができないから。要するに「今日の試合のフィニッシュは何でいくのか?」っていうのがないと思うんですよ。

――えっ、興味深い。青木さんには想定するフィニッシュが明確にあるんですか?

青木 ありますよ。

――じゃあ、試合が始まった瞬間からの動きはすべてそこに向かっているという?

青木 もちろんです。だからボクは「プロレスも格闘技も一緒だ」って言っているんですよね。マジで一緒ですから。だってプロレスにもフィニッシュがあるじゃないですか?「今日はこれで決める」っていうのがあって、「じゃあ、そこにどうやってたどり着くのか?」っていうことを考えるわけじゃないですか。格闘技でもボクの場合はわかりやすい作り方をしていて、最後に上で極めるのか、背中を取って極めるのか、どっちなのかを考えてから「上を取って極めるんだったらこれだから、前段階はこうだな」って考えるんですよ。でも、これまでの矢地くんには「行くでー!」みたいなのばかりがあって、フィニッシュがなかったんですよ。

――そこを八隅さんにズバリと指摘されたわけですね。

青木 だから矢地くんみたいなタイプこそ、プロレスを学んだほうがいいんですけどね。プロレスも格闘技もじつは一緒なんですから。

――プロレスにおけるいわゆる執拗な腕攻め、足攻めなんかもそういうことですよね。すべてはフィニッシュに説得力を持たせるため。

青木 そうそう。逆に相手の得意技であるジャーマンを出させないために腕攻めをし続けてクラッチを組ませないとか。いいプロレスラーであればあるほど、そこのおかしさがないって言うじゃないですか。腕攻めでもなんでも、全部に理由がつけられるんですよね。

「那須川天心に対するいちばんの評価は『才能を超えている』っていうこと。やっぱりめちゃくちゃ考えているし、言葉もあるし」

――青木さんってじつは格闘技の話をしているようで、格闘技に限った話じゃない語り口をしますよね。どんなジャンル、どんな商売にも通ずることを言っているというか。

青木 もちろんじゃないですか(笑)。逆に普段、ほかの業種の人とかとお話をさせてもらっていても「あっ、これは格闘技だったらこういうことね」とか「格闘技にはこういうふうに役立つな」みたいな感じで横移動できるんですよね。たぶん、ボクはそこがほかの選手とは違うところだと思うんですよ。そういう意味でやっぱりプロレスは勉強になるっスよね。

——やっぱりプロレス最強ですね。

青木　そう思います。なんかそれを感覚的にみんなわかっていなくて。こないだボクは歌舞伎と能を観てきたんですけど、あれなんかも作りは基本的にプロレスなんですよね。30分の4本だったんですけど、最初にちょっとハイスパートがあって、ダウンして追い込まれてから最後にカムバックするみたいな。なので、そういう芸事だけじゃなく社会自体も基本的にはプロレスというか、作り方は全部一緒だと思うんですよ。だからターザン山本さんがいいことを言っているじゃないですか、「プロレスしか知らない人間は、プロレスのことを何も知らない」って。それと一緒で、やっぱりほかの世界のこととかも見えていないと、本物の強さにはならないんですよね。

——それは本当にそうですよね。

青木　ちょっと話が飛ぶんですけど、格闘家って言葉だったり思考することができないコが多いじゃないですか。でも言葉を持っていなかったり、考える能力がないと最終的に何が起こるかって言うと、運動能力とかセンスという「才能の勝負」になるんですよ。

——ああ、生身の勝負というか。

青木　だって自分がどういう戦略でいくのか、どういう試合をするべきなのかっていうのは、思考して、それを自分の中で言葉で説明がつけられないといけないわけじゃないですか。それができなかったら残りは才能だけで勝負するしかないんですよ。だから評価軸のひとつとしてボクが大事にしていることは「この選手は才能を超えることができているのか？」っていうことなんです。それで見ていると多くの選手は才能を超えられていない。こないだ平田樹の試合を観ていて思ったんですけど、やっぱり彼女には言葉がないんですよね。だから（山本）アーセンと合うんですよ。お互いに言葉がないから。

——まあまあ、そこはフィーリングですよ。

青木　彼女のSNSを見ていてもまったく言葉がないんです。イコール、いま自分がどういう状況で、何が必要なのかっていうことを把握できていない。考えられない、行き先がわからない。なので彼女は才能を超えられなくて才能勝負になっちゃう。そこで言うと、那須川天心が凄いのは、彼は才能を超えているんですよね。やっぱりめちゃくちゃ考えているし、言葉もあるし、彼に対するいちばんの評価は「才能を超えている」っていうことだとボクは思うんです。彼のパフォーマンスが凄いんじゃない、才能を超えていることが凄いんですよ。なので格闘技バカみたいなのは最終的に負けていくんだと思うんですよね。

——青木さんはこれから格闘技で何をやっていきたいんですか？

青木　えっ、人の感情を揺さぶっていくことしか考えていないですよ。

——それは本音として?

青木　うん、マジで。「業界をよくしよう」とかはまったく思っていないし、「次世代のために」っていうのもじつはあんまり考えていないです。とにかく自分が思っていること、自分が考えている表現を忠実に出し続けていけたらそれでオッケーです。もう、いまの世の中って正論ばかりが溢れていますけど、ボクは「そういうもんじゃないだろ」と思っているので、人の欲とか本能みたいなものに働きかけるようなことをずっとやっていきたいですね。

——そこを表現したいがために、毎日ずっと格闘技の練習をしているんですか?

青木　ボクは「練習しなきゃいけなくて」の練習はしていないんです。自分が気持ちいいからやっているだけです。その「人の感情を揺さぶりたい」というのも、自分が気持ちいいからやっているだけなんですよ。そこに正論はまったくないです(笑)。

青木真也(あおき・しんや)
1983年5月9日生まれ、静岡県静岡市出身。総合格闘家。
幼少期より柔道で鍛え、早稲田大学3年時に格闘家としてプロデビュー。DEEP、修斗と渡り歩き、2006年2月に修斗世界ミドル級王座を戴冠。大学卒業後は警察官となり警察学校に入るも2カ月で退職して、プロ格闘家一本に。その後はPRIDE、DREAMではライト級王者になるなどして活躍。2012年7月より契約を交わしたONEを主戦場にしており、現在も日本人トップの実力を誇っている。

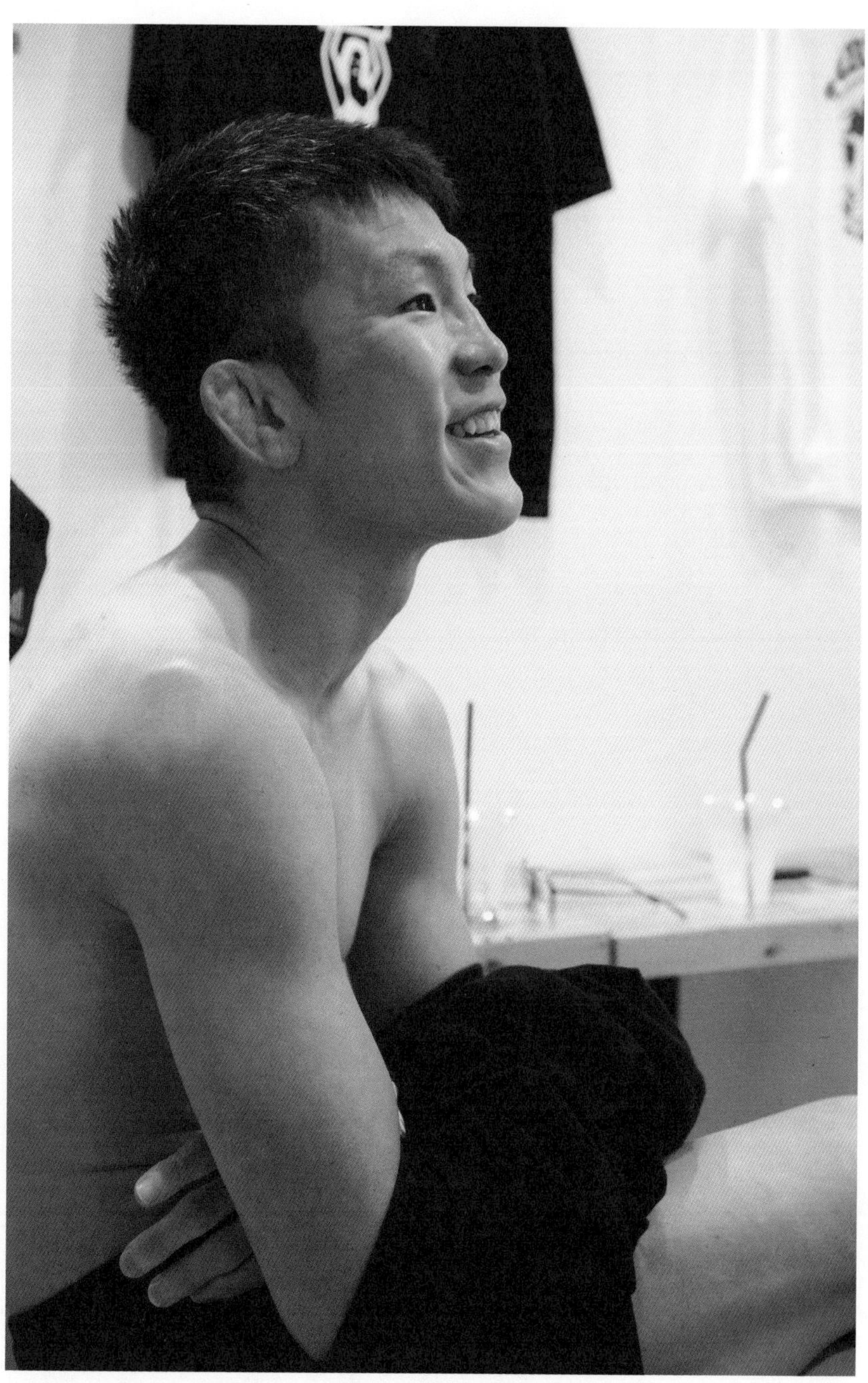

鈴木みのるのふたり言

第99回

冒険と挑戦

構成・堀江ガンツ

――鈴木さんは来週（9月第1週）から約2カ月間のアメリカサーキットですよね。

鈴木　ひさびさのアメリカだよ。コロナで2年近く行けなかったから。

――本来なら昨年春のレッスルマニアウィークにフロリダに行くはずだったんですよね。ボクも取材に行く予定だったんで「フロリダに行ったら、（カール・）ゴッチさんが住んでいた家まで行ってみましょう」とか、そんな話をした憶えがあります。

鈴木　そういえば、そんな話してたね。

――あのとき、出発の10日前くらいまでは行くつもりだったんですけど、土壇場でアメリカもいよいよ感染拡大がやばいってことで、急きょレッスルマニアが無観客開催になって、直前で渡米中止したんですよね。

鈴木　世界がこんな大混乱に陥るとは思わなかったもんね。あのレッスルマニアウィーク以外にも海外での試合予定はいろいろ入っていたんだけど、それもコロナで一切なくなってね。あれから1年半経って、とりあえず俺はワクチン接種も2回終わったので海外に行ける状態にはなって。そんなときに今回、アメリカのとある団体から「9月に来てくれ」って話が来たんだよ。

――けっこう大きな団体なんですか？

鈴木　まだ言えない（笑）。まあ、この本が出る頃には終わってるけどね（9月8日にAEWに初出場を果たし、ジョン・モクスリーと対戦した）。でも、そのオファーが来た時点では「G1も始まるし、どうしようかな……」と思っていたんだよ。そうしたらニュージャパン・ストロング、アメリカの新日本からオファーがあって。それなら行く価値はあるかなと思ったんだけど、アメリカに行くとなると、行きと帰りに2

週間ずつ隔離生活しなきゃいけないから、そうなると丸1カ月、何もできないんだよ。

——1カ月のロスは大きいですよね。

鈴木　だから「今回はちょっと厳しいかな」と思ったんだけど、ふと「アメリカに2カ月くらい行きっぱなしで、たくさん試合できないかな?」と思ってね。それで海外で試合するときに間に入ってもらっているエージェントがいるんだけど、「ほかに仕事が取れるか?」って聞いて動いてもらったら、バーッとオファーが入ってきて。それで「よし、アメリカに行っちゃおう!」と思ったんだよ。

——それぐらい多くのオファーが来たと。

鈴木　うん。隔離期間を含めたら2カ月半くらい日本を留守にするわけだから、それに余るほど稼いでこなきゃ行く意味がないからね。

——アメリカだと、それぞれの大会で鈴木さんが興行の目玉なんじゃないですか?

鈴木　そうそう。どの団体に出てもメインカードなんで。各都市、各地区、各団体のエース級の選手と連日やっていく。俺はかつてのブルーザー・ブロディだね(笑)。

——80年代のブロディの再来(笑)。

鈴木　となると、最期に俺は刺されるの?それは嫌だな。でもフリーエージェントのレスラーとして各地でメインを張る。昔のトップレスラーはそうやって生きてきたからね。

——ブロディはその最後の人ですもんね。80年代後半、WWEが全米制圧していく中でもギリギリまでそれをやっていて。

鈴木　この話を髙山(善廣)にしたら、「マジかっけ〜! いいな〜」って言うよ(笑)。ほら、アイツは昭和プロレスマニアだから。

——きっと髙山さんもやりたかったことでしょうね。じゃあ、〝各地〟ってことはいろんな都市を回るわけですか?

鈴木　西から東から主要都市はほぼ回る。

——全米サーキットですね(笑)。

鈴木　ひとり全米ツアーだよ。本当にほぼひとりなので。東はニューヨーク、西はロサンゼルスでしょ。合間でもいろんなところに行くよ。

——アメリカ横断ですね。

鈴木　途中で南北にも行ったりするし。

——飛行機で飛び回ると。

鈴木　毎週末は飛行機だね。

——NWA世界王者時代のリック・フレアーみたいじゃないですか(笑)。

鈴木　俺のことをリックと呼んでもいいよ。長髪でガウンを着て「フ——!」とか言ってさ(笑)。

——すっかり悪ノリしてる(笑)。

鈴木　で、このアメリカ各地のオファーを受けた以外に、ほかの国からのオファーもいくつか届いてるんだよ。でも、ちょっと今回はスケジュール的に難しいから「また次の機会な」って返事してるんだけど。そのうちまたイギリスなんかにも行くことになると思う。

——「スズキが日本以外での活動も再開したぞ」っていう情報が世界にバーッと回ったっていうことですね。

鈴木　そうそう。メキシコとかはまだプロレス自体が興行再開できていないみたいなんだけどね。

——アレナ・メヒコもずっと閉まってるらしいですよね。でもアメリカは各州によってルールが異なるので、鈴木さんが行くところはもう普通に興行ができるようになってるってことですね。

鈴木　もうみんなマスクもしてないって

言ってたよ。だから俺はマスクをちゃんと持っていこうと思ってる。

——逆に身を守るために（笑）。

鈴木　あとは外に出かけない！　向こうでひきこもりだよ（笑）。ひきこもりグッズをいっぱい買って持って行くから。新しくiPadも買っちゃったもんね。新しいiPadはペンシルで凄く細かく絵が描けるんだよね。もともと趣味で絵を描いたりしてたんだけど、それが凄く楽しい。

——いまは触れるだけでスクリーントーンが貼れちゃう感じで、漫画も描けちゃうんですよね。

鈴木　できるみたいだよ。でも、そのやり方も全然わからないから、向こうで暇なときにネットで調べて「ああ、こうなんだ」といろいろ勉強しようかなと。2カ月半、試合以外は時間があるからさ。

——日本にいると、お店（原宿パイルドライバー）のこととかもあって、日々に追われるでしょうからね。

鈴木　いまは朝から晩まで試合がない日は時間に追われてるから。「なんで俺はこんなに忙しいの?」って。銀行に行って、そのあと法務局に行って書類をもらってきて、さらに税理士のところにも行って。

——中小企業の社長業ですね。

鈴木　いろんなところを回って帰ってきて、「あー、疲れたー」って店番をして。家に帰ってハイボールの缶を1個買ってきて、ボーッとしながら「1日が終わったな。今日は疲れたな。風呂めんどくせーな……」って思いながら。ホント、中小企業経営者のおっさんですよ（笑）。

——それがリング外の鈴木みのるの日常（笑）。

鈴木　それで朝6時に起きてトレーニングしてんだから（笑）。

——現役トップレスラーと中小企業社長が同時進行しているわけですもんね。

鈴木　だから今回のひとりアメリカツアーはいいきっかけになるんじゃないかな。新しくやりたいこともあるし、あとはアメリカをある程度長期にわたってひとりでツアーするっていうことが、これまでなかったんで。

——鈴木さんはデビューして1年経たずに新日本からUWFに移籍した関係で、海外武者修行は経験していないですからね。

鈴木　まあ、必要ないって言えば必要ないんだけどね。俺はそのぶん〝格闘技修行〟に出ていたんで。だから令和に存在するプロレスラーでほぼ誰も持っていないようなものを俺は持ってる。ほかに持っているのは数人だけ。桜庭（和志）、船木（誠勝）とかそれくらいでしょ。ああいう時代を生き延びてきて、いまでもプロレスをやっているのは。

——そうですね。

鈴木　それと若い頃に行ってなくても、この歳になってもお呼びがくるんで。ロンドンに行きつけのカフェとかあるからね（笑）。ガード下にある店で、カフェラテがうまいんだよ。

——ロンドンはボクも何度か行きましたけど、物価が高いですよね。

鈴木　でも試合すれば入ってくるのも高いんだよ。

——物価が高いぶん、賃金も高いわけですもんね。

鈴木　だからバランスは取れている。

——アメリカもいまは物価が高いですし、メインクラスのオファーばかりだから、2カ月でかなり稼げるんじゃないですか?

鈴木　がっつり稼いでくるよ。でも、いくら稼いでもこの1年半以上はマイナスが続いてるんで。ひとりだったら生活費をちょっと我慢したりすればやり繰りができるけど、俺は店をやってて従業員が5人いるんで。マイナスが続いてるところをなんとか補填したいなと思ってたし。

――じゃあ、凄くいいタイミングでのオファーだったわけですね。

鈴木　あとは俺自身、新しい冒険に飢えていたから。だから今回は「冒険と挑戦の旅」だね。

――新たな自分への刺激というか。

鈴木　ある程度の歳になると、新しいことしなくなるじゃん。自分の知らない場所に誰にも頼らずひとりで行くような冒険も歳を取ったらしなくなるし。だから冒険と挑戦、このふたつがキーワードかなと。

――安住せずにさらに新たな道を切り拓いていこうと。

鈴木　俺は長いこと新日本に出てるけど所属選手ではないんで。新日本から呼ばれなければ0円だし、呼ばれたらお金になるし。新たなる自分のステータス作りみたいな部分もある。

――"世界の鈴木みのる"として、自分のブランドを上げてやろうと。

鈴木　うん。商売道具としての「鈴木みのる」のさらなるランクアップだね。運よくアメリカでは俺で商売しようっていうヤツらがたくさんいるから、それなら行ってやろうじゃないかっていうさ。

――いまは配信によって世界各国で観られるわけですしね。

鈴木　まあでも、俺はそんなことまでは考えてないよ。それは観る人らが考えてることであって、俺は見知らぬ土地で見知らぬ相手と連戦してくるっていう魅力がいちばんだからさ。これをするとのちのちこういう効果がある、こんなステータスがある、そこまで俺は考えてない。俺はたぶんマイナスだったとしても今回の話はやっていたと思う。だってそれが冒険と挑戦だもん。

――何かが見つかるかもしれない、そのワクワク感が上回ってるわけですね。

鈴木　この先を行ったら荒波が立つ海が広がっていて「どうする?」ってなったら、俺は行くね。それをやらなかったら俺じゃねえもん。

――海が荒れていても、見知らぬ大陸があるなら船出しようと。

鈴木　知らない島でも見つけたら俺の名前をつけてやるよ(笑)。まあ、楽しみだね。そこまで英語がしゃべれるわけじゃないけど、スタバでコーヒーを買うぐらいはできるし、スーパーで買い物もできるから大丈夫だろうと。そうそう、菊タローがずっとアメリカにいたから、向こうに行ったらいろいろ手伝わせようと思っていたのに、いまアイツ日本に帰ってきちゃってるんだよな。

――ちょっとしたトラブルでアメリカに戻れなくなっちゃったんですよね。

鈴木　ホント使えねえなと思って。今回のアメリカツアーの話をアイツにしたら「ボクがアメリカにいたらいろいろ手伝えたのに」って言うから、「手伝えたのにじゃなくて、おまえは不法入国して運転手やれよ」って言ったら「えっ? 運転手やる前に捕まっちゃいますよ!」って(笑)。

――密入国を強要(笑)。

鈴木　クルマでバスプロショップとかいろいろ回らせようと思ったんだけどな(笑)。そうもいかないから、ひとりで冒険してきますよ。

――では次号では、現地の話をいろいろ聞かせてください!

鈴木拓

［ ドランクドラゴン ］

収録日：2021 年 9 月 11 日
撮影：保高幸子　聞き手：大井洋一
構成：井上崇宏

“芸能界最強伝説”はいかにして生まれたのか？
その狂気すぎるマインドに迫る !!

自分に自信がないって人は格闘技をやってみたらいいと思うんですよ。自分がどんなにダメでも、どんなミスをしても、強くなったら自信がつくし、最後は『コイツのこと倒せるけどな』って思えるようになる。まあ、嫌だから消すっていうのはテロリストと同じ考え方ですけどね（笑）」

鈴木拓さんって世の中的にはちょっとバカにされた存在なんじゃないかと思うんですけど、よく見てください。柔術をやって、釣りをやって、キャンプして。めちゃくちゃ趣味が充実してて。休みは多いのに、それなりに収入もある。趣味が仕事になったりもしてる。嫌われようが炎上しようが気にしない。そして塚地さんという盤石な相方がいる。鈴木拓さんってめちゃくちゃ羨ましい人なんです。

俺は鈴木拓になりたい！（大井）

「息子が修斗を辞めたいって言い出したんで『じゃあ、最後に俺と殴り合って終わろう』って言ったんですよ」

――拓さん、おひさしぶりです。

鈴木　これ、前回が佐久間（宣行）さんだったのに次が俺なんですか？　俺はこの枠というよりも、どっちかというとボンサイ（柔術）的なノリがあるじゃないですか。

――佐久間さん寄りかボンサイ寄りかで言えばそうかもですね。拓さんは柔術家ですから。

鈴木　でも柔術はもうやってないんですよ。ずっと続けたかったんですけど首にプラークができて医者から「もうやっちゃダメだ」って言われちゃって。プラークってただの血管の汚れなんですけど、チョークを取られちゃったりしたらそのまま脳の血管が詰まって半身不随になっちゃうかもしれないって。

――めちゃくちゃ危ないじゃないですか。

鈴木　そうなんです。だから4、5年前に医者からそう言われて以降は柔術はやってないですね。

――柔術は生涯スポーツなのに残念ですね。

鈴木　で、息子がいま17歳なんですけど、ずっと修斗を習わせていたんですよ。

――初耳！　どこでやっていたんですか？

鈴木　心技館っていう修斗の環太平洋チャンピオンだった遠藤雄介さんのところで、そこはキッズが凄く強いんですよ。それでウチの息子は5年以上無敗だったのに「もう修斗を辞めたい」って言い始めて。

――それは競う敵がいないから？

鈴木　いや、そういうことじゃないんですよ。「じゃあ、何をやるの？」って聞いたら「絵を描きたい」って言うんで、「おまえ、バカじゃねえの。おまえが唯一褒められるのはこれだけだぞ」と。本当によその強いジムの相手とかにも勝ったりしていたんで、まわりの大人から「よくアイツに勝てたね！本当にありがとう！」みたいな感じで願いを託されるくらいのヤツだったのに。

——お父さん自慢のシューターだったわけですね。

鈴木　だから「よくもまあコイツ、辞めるなんて言えるな……」ってマジでブチ切れちゃって、「おまえ、わかってんのか！」と。でも息子が自分から俺に「やりたいことができた」って言ったのは初めてだったんですよ。だけど「絵を描きたい」って……。

——いやいや、全然いいじゃないですか。

鈴木　俺はもう拍子抜けしちゃって、「おまえ、いいか。絵なんて実力の世界なのにおまえはそこに行ってメシを食っていけるのか？　俺は絶対無理だと思うし、そういう世界ってすげえ厳しいんだぞ。どういう勝算があるんだよ？　まわりでそういうことやってるヤツがいんのか？」って言ったら、息子が俺を指差して「いや、父ちゃんもそういう世界でしょ」って。

——その通りですよ。

鈴木　「いやいや、俺には塚っちゃんがいるから」って。

——アハハハハ。俺には塚地武雄という相方がいてメシを食っていけてるんだと（笑）。

鈴木　「俺は塚っちゃんのそばにいるからできているだけで、おまえなんか無理だよ。才能ねえし」ってすげえ罵声を浴びせて、「俺だって才能ねえからな？　塚っちゃんがいるから俺はなんとか食えて生きてるんだ。おまえ、そこをよく考えろ！」って怒ったら、息子が自分の部屋にこもっちゃって。そうしたら奥さんがすーっと俺のところにやって来て、「あんた、あんなことを言って自分が情けなくない？」って。

——アハハハハ！　いや、本当ですよ！

鈴木　もうその言葉にグサーッときて。それで最終的に「だったらもういいよ。修斗を辞めさせてやる。そのかわり最後にふたりだけでやろう」と。

——えっ、最後に親子で闘って終わりにしようと？

鈴木　そうです。向こうは17歳で体力はバリバリあるけど、言ってもこっち側も絶対に負けないだろうと。体重も背もだいたい同じくらいですし。

——奇しくも同じ階級で（笑）。

鈴木　それでもう最後に45歳の俺が立ち上がって、父と子の本気の闘いをやってやろうと。それで「場所と日時はここで」ってやって。

——そんな決闘みたいな感じで決めたんですね（笑）。

鈴木　はい。それで奥さんと、俺の親友を審判として立ち会わせて「最後に殴り合って終わろう」と言ったら、息子の顔がひきつってるんで「コイツ、怪しいな……」と思ったらどんどん逃げる方向に進んでいって、そのままやらないで終わっちゃいましたけどね。俺は本気で親子同士でぶん殴り合いたかったんですけどね。

——いったいどういう感情なんですか（笑）。

鈴木　もうボッコボコにして「世の中はそんな簡単じゃねえ」ってことを教えてやらなきゃいけないと思って。アイツは5年無敗だったからちょっと余裕だと思っていたんですよ。だから最後にアイツの鼻をへし折って、俺も気分よく終わりたいし（笑）。結局、奥さんが「もうやめておきな」って。

「俺は柔道をやっていて県大会で優勝しているくらいだったので、柔術紫帯のブラジル人よりも全然強えんですよ」

――ああ、冷静な人がいてよかった。

鈴木　（千原）ジュニアさんにこの話をしたとき、ジュニアさんは「それはマジで観させてくれ！」って言ってて。

――いや、そりゃやるならボクも観たかったですよ（笑）。

鈴木　大井さんを前にして言うのもアレですけど、たぶんこれがマジのアウトサイダーなんだなって。ＰＲＩＤＥとかなら、すげー強いヤツとすげー強いヤツが出てきて闘うでしたけど、そうじゃなくてひとりひとりが何かを背負って出てくる感じっていうのが。

――そうですね。私的な負けられない理由があるっていう。

鈴木　でもジュニアさんが本当に「俺だけでもいい。カネはいくらでも積むから観させてくれ！」って言い始めたんでバカじゃねえかと。そんなの観させるわけねえだろと思って、「いや、観せません。嫌ですよぉ」ってずっと逃げていたんですけど。

――「観せるものじゃない」っていうのがなおさら価値を上げますね。

鈴木　たぶん俺は泣きながら息子を殴ると思いますよ。

――息子を殴れる自信はあるんですか？

鈴木　普通にボッコボコにできますし、折れますし。

――息子の腕も折れると（笑）。

鈴木　いやー、やっぱギリで止めるか。やったら絶対に負けないと思うんだけどなあ。

――そもそも拓さんはグラバカに行かれていたんですよね？

鈴木　いや、ウチの地域はブラジルの移民がけっこう入ってきているところで、もともとはそこで柔術を教えてもらっていたんですよ。

――近くに柔術の道場があったんですか？

鈴木　ありました。まだ日本に黒帯がいないっていう時代に、地元の町工場に紫帯のおっちゃんがいたんですよ。

――そのおっちゃんはブラジル人？

鈴木　いや、ブラジルと日本のハーフですね。横浜の青葉台っていうところでそのおっちゃんがブラジル人を30人くらい、日本人を20人くらい集めて柔術を教えていたんですよ。いまみたいにネットが普及していなかったので新聞に仲間募集みた

いなのを掲載していて。俺は当時、テレ東の深夜にやっていたUFCを観たばっかだったんですよ。「なんだこれは⁉」と思ったときに70キロくらいのホイス・グレイシーが、キース・ハックニーとか100キロ近いあそこらへんに一発も殴らせずに柔術っていう絞めと関節だけで闘って勝っていくんですよ。

――あれは衝撃でしたよね。

鈴木　ガードポジションとかそういう概念もまだない時代だから、どんどんトップポジションを奪って腕ひしぎとか下からの三角とかを極めまくっていて、「うわー、これはすげえぞ！」と思って柔術を調べてみたら、そのおっちゃんはグレイシー・ウマイタの直系だったんですよ。それが日本で教えてくれるって言うし、いろいろと聞いたらホイラーの弟子なんですって。

――じゃあ、わりとグレイシーに近いんですね。

鈴木　近いんです。でもホイラーは絶対にオッケーを出していないはずなんですよ。

――日本で支部を出すことに（笑）。まだグレイシー・ジャパンもない時代ですよね。

鈴木　とにかく「俺はブラジルでホイラーに教わっていたから」って言うんで入ってみたら、本当に技術はちゃんとしていたんですよ。でも、あの当時はなぜだかブラジルの威信がかかっているから、ブラジル人とスパーをして、あともうちょっとっていうところになると「あっ、それ、キミは間違ってるからやめて」って止められるんですよ。で、ブラジル人のほうには「ちょっと来い！」って言って、向こうのほうに行って教えるんですよね。だからこっち側の日本人だけでどうしようもないから、みんなで柔道やったりして。日本人は基本は柔道ですから圧倒的に立ち技は強いんですよ。でも寝技になるとブラジル人が足を使った、いままで見たことがないような技を出してくる感じで。で、ブラジル人は3000円、日本人は1万5000円。

――それは月謝ですか？

鈴木　月謝にあからさまな差があって（笑）。それで俺は柔道をやっていて県大会で優勝しているくらいなので全然強えんですよ。だから紫帯のおっちゃんにもやろうと思ったら全然勝てるんですよ。でも俺が足を超えちゃってスッと入って最後に腕ひしぎにいけるっていうくらいになったら、そこで「ちょっと待て」って言ってきて、すげえ余裕をかまして「おまえのいまの動き、それはちょっと違うから」と（笑）。本当だったらそのままいけたんだけど「あ、ああ、わかりました……」って。それでまた再開となって、基礎は覚えていたんでバンバンとひっくり返したりとかやるんですけど、また最後にいこうと思うと「あっ、ちょっと待て」と。

――「それはやり方が違うよ」と（笑）。

鈴木　これはブラジルの壁は高いなあと思って。

「ウチの近所に髙田（延彦）さんの家があって、髙田さんちまでの道のりを電柱を見つけるたびにローリング・ソバットをしながら行くんですよ」

——ホイスと桜庭がやるのにルールでモメるのもわかるなっていう感じですね。「絶対に負けたくない！」っていう。

鈴木　「コイツ、町道場の練習でこんなにも負けたくねえのか？」と思って。なので、そこが俺の格闘技のスタートですね。

——柔道で県大会優勝っていうのは高校のときの話ですか？

鈴木　あ、小学校です（笑）。それで中学校のときにUWFブームがあって、UWFをずっとやっていました。

——UWFをずっとやってたというのは？（笑）。

鈴木　部活終わりに遊びで関節の極め合いをずっとやっていましたね。部活をやっている時間よりも長かったですよ。

——中学でも柔道をやっていたんですか？

鈴木　中学はサッカーですね。もっと言っちゃうと、俺はルチャ・リブレでプロレスラーになりたかったんですよ。プロレスラーになりたくて、なれるならなんでもよかったんですよね。でも、何かセンセーショナルなものがないと絶対に売れねえわと思って、中学校を卒業するときに親に「俺をメキシコに行かせてくれねえか？」って言ったんですよ。

——息子の絵描きになりたいよりもよっぽどタチが悪いですよ（笑）。

鈴木　俺はひどいんですよ（笑）。とにかく身軽だったし運動神経も悪くないから、メキシコに行ってグラン浜田の弟子になろうと思っていたんですよ。

——グラン浜田を訪ねてメキシコに（笑）。

鈴木　「日本から行ったらどうせ弟子で入れるだろ」くらいに思ってましたんで。それで卒業する間近くらいになって親に「メキシコに行かせてくれねえか？」って言ったら、「それはいまじゃなきゃダメなの？」って。なので「いや、まだ時間はあるけど」って言ったら、「じゃあ、とりあえず高校に行け」ってなって、それで夢を断念しました。

——断念。

鈴木　まあ、もともとはUWFがきっかけですから（笑）。ウチの近所に髙田（延彦）さんの家があったんですよ。もうそのときはUインターになっていて、それでなんだかわからない中学生の発想なんですけど、髙田さんちまでの道のりを全部、電柱を見つけるたびにローリング・ソバットをしながら行くんですよ。

——はい？

鈴木　宮戸（優光）さんのローリング・ソバットは腹をえぐるようなやつですけど、髙田さんのローリング・ソバットって打点が高くて顔面に行くんですよね。それでローリング・ソバットをしながら高田さんちまで行って「弟子にしてくれ！」って言おうと思っているんですよ。すでに弟子とかはいっぱいいて、おそらく桜庭（和志）さんとかもいたんじゃないですかね。それで実際に高田さんちまで行くんですけど、緊張しちゃってどうにもできないから、友達と一緒にピンポンを押してそのまま走って逃げるっていう。毎回それを繰り返していたんですよ（笑）。

――ローリング・ソバット連発からのピンポンダッシュ（笑）。

鈴木　それをもうほぼ毎日。「今日こそは言おう。弟子にしてもらおう……」と思ってピンポーンってやるんですけど、鳴った瞬間に誰かがガチャッて出てくるじゃないですか。そこで「おーい！」とか言われて、また走って逃げるっていう（笑）。

――いま思えば、その声の主は高田さん？

鈴木　いや、それは弟子だと思いますね。で、のちに高田さんに会ったときに言ったんですよ。「高田さんにあこがれて、若気の至りで電信柱にローリング・ソバットをしながら家まで行って、弟子にしてくれってピンポンをやるんだけど、結局ビビって走って逃げてました」って。そうしたら高田さんは凄かったですね。「ダメだろ、そんなことしちゃ!!　何をやってんだよ!!」ってブチギレられて、「えーっ!?」と思って。そんなに怒るのかっていうくらいに怒っていましたね（笑）。

――やっぱり家がバレてるって嫌なものなんでしょうね（笑）。

鈴木　プロレスも最初は全日本だったんですよ。そうしたら友達が「とんでもねえのがある！」ってTSUTAYAから借りてきたのがUWFのビデオで。それを観て衝撃を受けて、そこからローキックが最強なんじゃないかって思い始めたり、仲がよかったヤツ3人で関節技の極め合いをやったりとかして。プロレスごっこもそれまではWWEとかのマネをして、アルティメット・ウォリアーとかハルク・ホーガンとかですよね。ダブルスレッジ・ハンマーをやったりとかしてたのに、UWFを観た瞬間に「あっ、これだ！」と思っちゃって。

――「これが本物の闘いだ！」っていう。

鈴木　そこから俺には柔道の下地があるので、チキンウイング・フェイスロックとかチキンウイング・アームロックを鍛え始めて、友達はアキレス腱固めとかの足関をよくやっていましたね。あのときはヒールホールドもちょろっと出始めたときで、なんだかわからないけど友達がとりあえずヒールホールドをやるんですよ。そうしたら、そのあと半年くらい足が痛くて歩けなくて、「なにこれ？　なにこれ？」ってなったりして（笑）。だから、こっちはとにかく足を取られないように抑え込んで、上四方から手を取ってとか、腕ひしぎとか、そんな遊びをしていましたね。

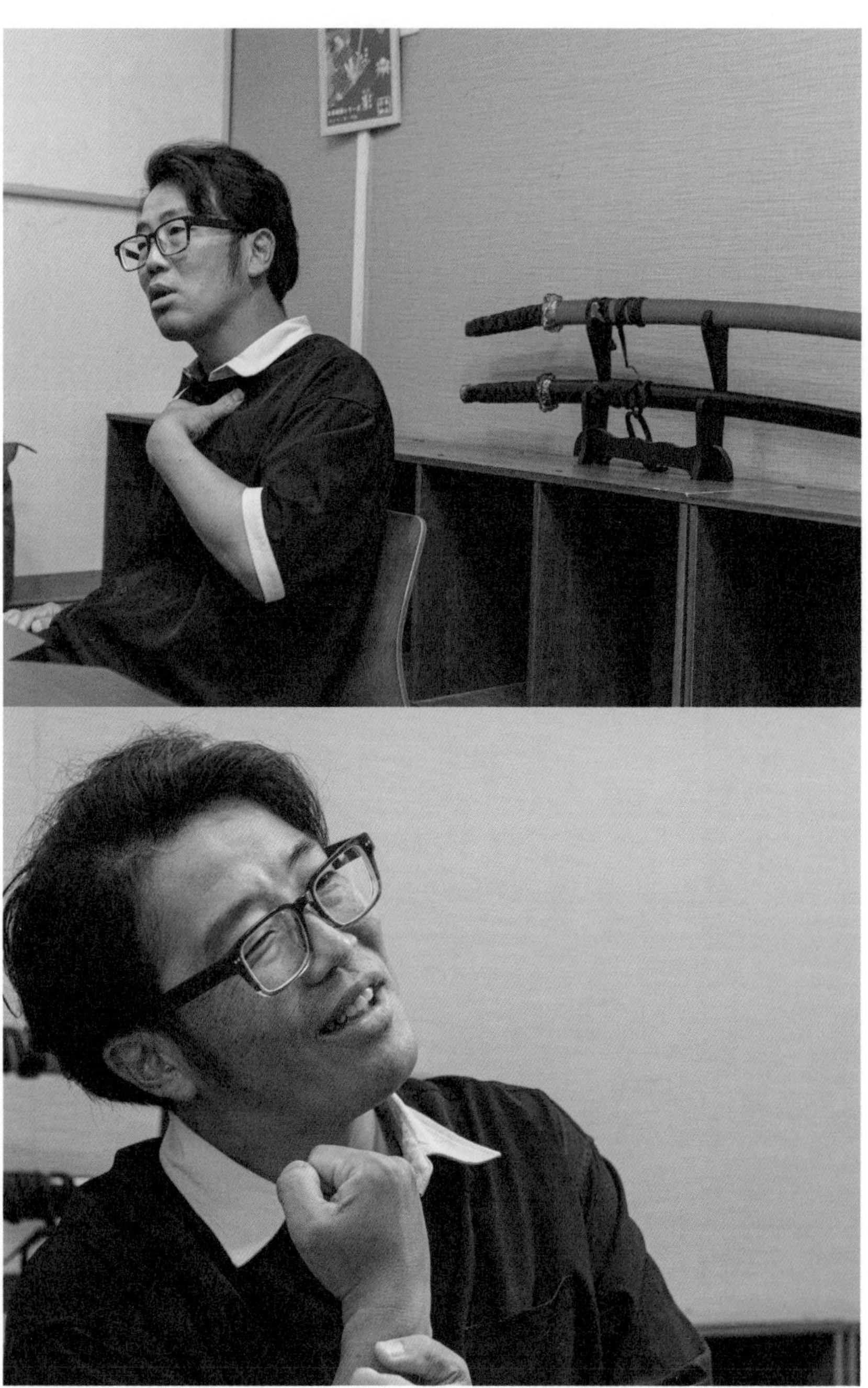

「格闘家になりたいとは思っていたけど当時は食っていけねえし、芸人になりたいって言うと麻薬でもやってるんじゃねえの？って目で見られる時代だった」

――自分たちで日夜鍛えていたんですね。

鈴木　鍛えてましたねえ。関節の取り合いはいちばんやっていたんじゃないですかね。

――UWFの中で（笑）。

鈴木　でも高校に入ってからはサッカーにのめり込んで、格闘技をいっぺん忘れちゃうんですよ。でもさっき言った深夜にテレビでホイスが出てきて「あっ、これだ！」となって柔術を始めるんですよね。

――その地元の柔術道場に行ったのはいくつのときですか？

鈴木　差別がひどい道場ね（笑）。あれは高校を卒業してすぐの18とかでしたね。だから芸人よりも柔術のほうが長いんですよ。それであとは友達とキックも勉強して。大阪に行ったりすると、まだ東京にはなかったボディメーカーが正道会館の道場の隣にあったんで、そこに寄って買い漁ったりとかして。で、そのまま芸人になって。

――いや、そのまま格闘家になりたいっていう気持ちはなかったんですか？

鈴木　じつは迷ってはいたんですけど、やっぱ格闘家って当時は食えなかったんですよね。ここで俺のしたたかさが出るんですけど（笑）。

――まだ修斗ブームが来ていなかった頃ですか？

鈴木　来てないですね。『トーナメント・オブ・J』とかあそこらへんのときだから、格闘家になりたいとは思っていたけど食っていけねえし。でも格闘家とかプロレスラーのほうがまだ言えるんですよ。「芸人になりたい」って言うと、まわりの人が「麻薬でもやってるんじゃねえの？」って目で見てくる時代だったんで。売れないバンドマン、売れない俳優、売れない芸人は同じ一括りで、ダウンタウンの松本（人志）さんがブイブイ来ていたときですけど、そこまで芸人の市民権は得られていないときだったから言えなくて。それでずっと黙っていて、その間は格闘技の練習をしてましたけど、格闘技は本当にパズルみたいで好きだったからやっていただけで、格闘家になろうとかは思っていなかったです。でも俺はべらぼうに強かったですよ。寝技も負けないくらいあれでしたし、このままプロになれるんじゃねえかって本当に思っていましたからね。練習でも取られたことがないんで。

――それで芸人を選ぶんですか？

鈴木　父親が亡くなるんですよ。親父はもうめちゃくちゃな人でプロボクサーだったんですよ。それで飲食とかを何店舗も経営したりとかしていたんですけど、「あんな親父でも亡くなるんだ……」って。そう思ったときに「もう好きなことをやるか」となって「じゃあ、芸人になろうか」と思って。

——お笑いは好きだったんですか？

鈴木　やっぱりダウンタウンさんですよね。ダウンタウンさんみたいにはなれるわけがないんですけど。

——でも友達の中ではやっぱりおもしろい存在だった？

鈴木　はぁい。

——はぁい（笑）。

鈴木　だから「売れるんじゃねえかな？」って。

——「鈴木、おまえはおもしろいからいけると思うぞ」と。

鈴木　まあ、それは身近なヤツの声ですね。ちょっと離れたヤツからは「コイツ、大丈夫か……」って麻薬をやっているヤツを見るような目でずっと見られていましたから、あまり言わなかったですけどね。でもまあ、あんなに好き勝手にやっていた親父でも死ぬんだったら、俺も悔いが残らないようにやらなきゃダメだなと思って、「芸人をやる！」って二代目の父親とか母親に言って。その前にも「中国に行って株の勉強をしたい」とか親にすげえ言ってたんですよ。

——ルチャ以外にも親にいろいろな夢を語っていたんですね（笑）。

鈴木　いろんなことを言ってるんですよ。「一発当ててえんだ」みたいな。「大丈夫か、コイツ？」みたいになっていたんですけど、やっぱりふたり目のお父さんは俺と血は繋がっていないですけど、本当に俺のことを考えてくれていて、「おまえには無理だからやめろ。ダメだ」って。

——血は繋がっていないけど、ダメ出ししてくれるんですね。

鈴木　いま考えるとそれも凄い愛情で、「もしやるんであれば、家を出て行け！」って言われたんで「わかった、出て行く！」っていうくらいのあれだったんですけど、俺はもうそれしかないと思ってたんで。

——それで人力舎の養成所に入るんですね。

鈴木　で、俺もまたナメてるんですけど、お笑いの養成所って人力舎がいちばんカネが高いんですよ。当時はよしもとの養成所ができたばかりで、人力舎のほうが東京の養成所の歴史としては古いんですね。それでよしもとの養成所が始まったとしても「やっぱレベルは高いんだろうな……」って思っているんですよ。

「ボキャブラブームの真っ最中、俺ら芸人はみんな新宿スポーツセンターで菊田さんや宇野さんから技を教えてもらっていたんですよ」

——大手だし。

鈴木　大手だし、ダウンタウンさんみたいなのが出てきたら困るし。それで人力舎は当時だと金谷ヒデユキさんとオアシ

ズが『めちゃイケ』で出てくるか出てこないかくらいで天下を獲るわけでもねえし。

――わかんないじゃん！（笑）。

鈴木　いや、当時はですよ。それでパンフレットに「キミも次のアンジャッシュになれる‼」って書いてあるんですけど、その当時アンジャッシュはまだ全然出てねえんですよ。だから「こんな事務所だったら、入ったら推してくれるんじゃねえか？」ってちょっと戦略的なことを考えたんですけど、いかんせん60万。当時のよしもとが15万か20万くらいだったので「これはもう人力舎に入ったほうがいいわ」と。

――人力舎のほうが全然高いのに？

鈴木　高いのに。それだけ入ってくるヤツも少ないってことだから。

――まず敵が少ないということでチョイスして（笑）。

鈴木　敵が少ないところで勝負したほうが絶対いいということで人力舎を選ぶんですけど、とにかくお金はない。二代目の父親は絶対に払わないし、それどころか「家から出て行け！」って言ってるんで、俺も荷物をまとめてたら、ウチの姉が「出て行かなくていいよ、拓」って言うんですよ。「えっ、なんで？」って聞いたら、「私には夢がない。拓は中国に行くとかメキシコに行くとかってバカなことを言ってるけど、その夢を語ってる拓がキラキラして見えて凄くうらやましい。私は拓に夢を託したい」って姉ちゃんがお金を全額払ってくれて。

――うわー、いいお姉さん！

鈴木　それで母親は「あんた、芸人っていっても大変なんだよ。でもまあ、あんたがやりたいって言うからねえ……。どこでやるの？　私はなかなか認めないからね」って言うんで、当時は事務所が東高円寺にあったので「東高円寺でやる」って言ったんですよ。そうしたら母親が「えっ、それは日本？」って言うから「日本だよ。聞いたらわかるでしょ」って言ったら、「じゃあ、いいよ」って。それまで俺が散々メキシコだ、北京だっていろいろ言ってたからまた海外だと思っていたみたいなんですよ。だから「日本だったらいいよ」って母親はオッケーしてくれたんで、父親も「なんだよ……じゃあ、家にいてもいいよ」みたいになったんで、そのまま家にいさせてもらって通うようになったっていうのが事の真相ですね。

――事の真相（笑）。それで芸人になりだして、グラバカに行ったのはいつですか？

鈴木　人力舎に入って5年後くらいだから２００３年かな。その前になんでグラバカに行ったかって言うと、まだ俺がハタチのときにいま考えたら凄いメンバーですよ。ビビるの大木さん、古坂大魔王さん、アンタッチャブルの柴田さん、バカリズムの元相方の松下さん、東京０３の豊本さん、それと俺とで新宿スポーツセンターに行ってるんですよ。１９９６年とか

1997年だったんですけど、そうしたらそこにまだテレビにも出ていない佐藤ルミナさん、宇野薫さん、菊田早苗さん、あと（桜井）マッハ（速人）さんもいたかな。俺らは格闘技が好きなんで「うわー、いる！」ってなって。

——そもそも、その芸人メンバーで何をしにスポセンに行ってたんですか？

鈴木　みんなで「格闘技をやろうぜ！」ってことで。そこでキックの練習をしたりとか、俺が寝技を教えたりとか、自分たちのそれぞれの得意分野を合わせてアベンジャーズじゃないですけど（笑）。

——芸人間で技術交流をしていたと（笑）。

鈴木　そうしたら向こうに本物の格闘家たちがいて。で、アンタッチャブルさん、大木さん、古坂大魔王さんなんかはボキャブラブームの真っ最中ですから、菊田さんが「あっ、ボキャブラの！」って気づいて「じゃあ、教えますよ」って、そこでみんな菊田さんや宇野さんから技を教えてもらっていたんですよ。1997年だからバリジャパの前で、そこから怒涛の格闘技ブームがやってくるんですよね。PRIDEとかバリジャパも始まって、ヒクソン・グレイシーも来たりして「こんなになったんだ」って。

——ブーム前夜のいい思い出ですよね。

鈴木　そうしたらなぜだか知らないけど、「格闘技最強は鈴木拓だ」って言われ始めたんですよ。

——芸人最強は鈴木拓だと。

鈴木　なぜならエネルギーの森さんがレスリング出身なんですけど、あの当時はポジションの概念がねえから俺が3分間でバッキバキに死ぬほど極めてたんですよ。もちろん芸人同士なので止めますよ？

——芸人同士じゃなかったら折るっていう概念もあるんですね（笑）。

鈴木　まず養成所の中で「拓が強えらしいよ」っていう噂が出たときに「あんなメガネをかけたヒョロヒョロなヤツに負けるわけねえだろ」っていう声が挙がったんですよ。でも俺はもともと柔道だし、UWFもやってますし。

——UWFはもうやってるってことでカウントされてるんですね。

鈴木　それで柔術もいちおう教えてもらってるからポジションの概念もあったし。そうしたら「拓チャレンジ」みたいな感じで、養成所の中で10人くらいがひとりずつ出てくるんですよ。そこでチャラチャラしたケンカ自慢みたいなのが「来いよ、拓」みたいな。「いや、俺はいい、いい」って言うんですけど、みんなから囲まれて。

「相方の塚っちゃんは昔、骨法を習っていたからいまだに金的だけはすげえうまいんですよ。〝キンタマ潰しの塚っちゃん〟だから」

——凄いなあ。

鈴木　そのとき、芸人はバカですからそいつが本気で殴ってきたんですよ。それをガードして振動を感じたときに「あっ、これもうやられるわ」と思ったので早々にタックルに行ったりとか、投げたりとか、床の板もまああの硬さですよ。そこにバーンと投げたんですけど相手もメンツがあるんで立ち上がってくると。でも俺は相手が頭を打たないようにクッと頭を引いてあげてやさしく投げてあげてるんですけど、そうしたらみんながどんどん本気でやってくるんですよ。で、本気でやればやるほど、みんながゲラゲラ笑っていてウケるんですよ。それで俺が腹にパンチを喰らったときに「あっ、これはもうヤバいわ」と思ったんで、しょうがないから頭からいくように投げて。

——めちゃくちゃ冷静ですね。

鈴木　とにかく腕はヤバいっていう感覚はあったんで全部ヒールホールドですね。最初はだいたいチョークをやってたんですけど、それだと後半の3人くらいはチョークが来ると思って亀になっちゃうんで「ああ、めんどくせえわ……」と思ってそのまま足にいって、だいたいヒールホールドでやってました。でも極めたのは10人中3人ですよ？（笑）。

——3人も壊してますよ（笑）。

鈴木　当時、養成所には極真のチャンピオンとかレスリングをやっていたヤツとかいたんですよ。そういう人たちを俺がやったっていう話ですね。

——そして「鈴木拓最強説」が流れ出すんですね。

鈴木　それで芸人が集まってスポセンで練習をしていたんですけど、菊田さんたちも売れちゃったから一時期は交流がなくなってしまって、『はねる』（『はねるのトびら』）の前身の『なみはち』（『新しい波8』）が受かったくらいかな、今度はアンジャッシュの児島さんから「拓、格闘技をやりたいんだけど、どこかいいところがないか？」って言われて、グラバカがが日本のトップチームだったので「じゃあ、グラバカに行きましょうか。菊田さんとも面識がありますし」ってことで行ったら、今田耕司さんとか品川さんとかもいて。宮迫さんも来たけど1回来たまま来なくなっちゃったんですけど。品川さんは当時まだ技術を知らなくて、本当におちょくれるくらい俺がガンガンに極めてたんですよ。そういう話が広まって俺が最強だっていうことになったのが事の真相で。

——事の真相で（笑）。

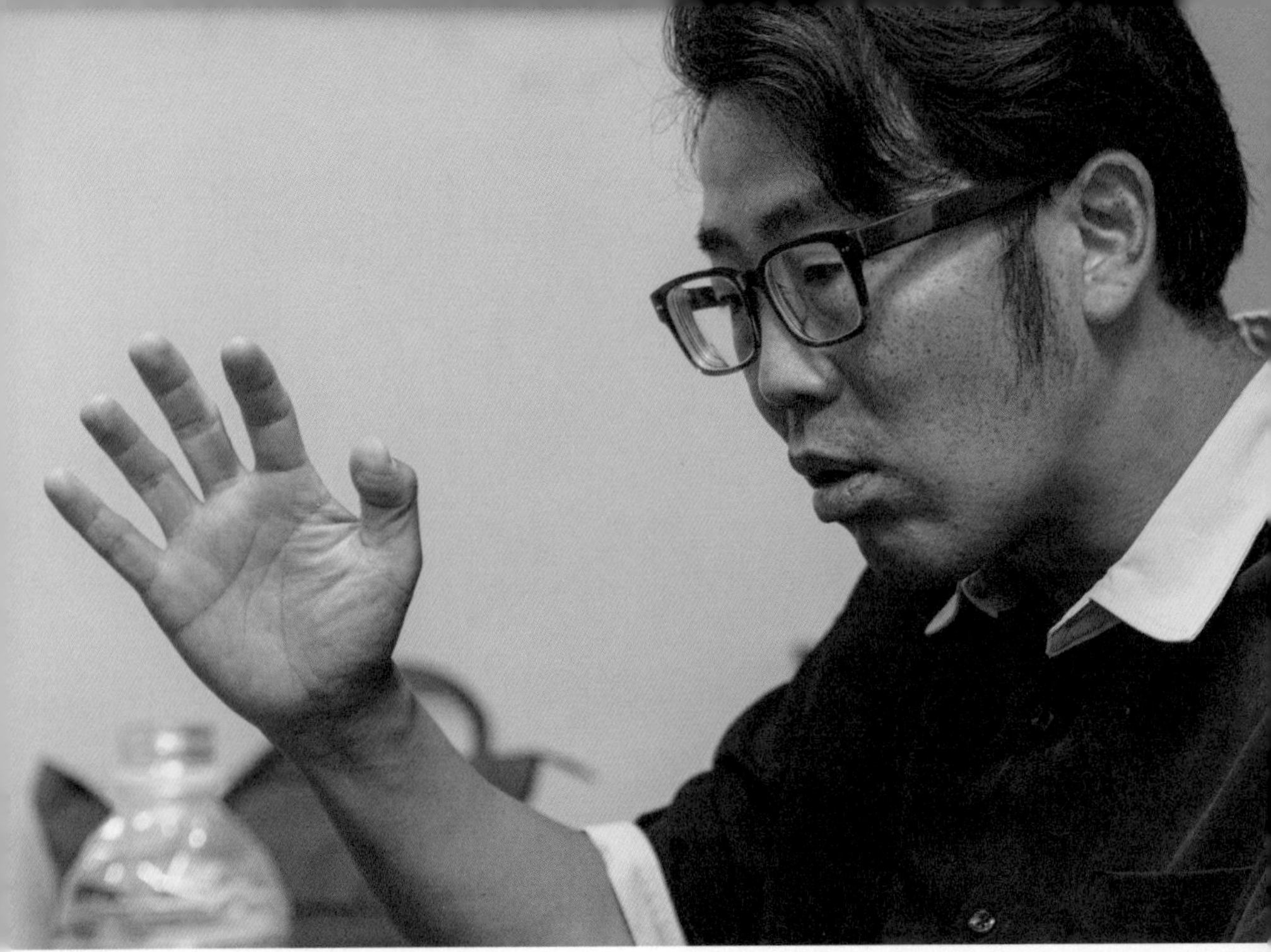

鈴木　ただ当時、グラバカの選手からは「柔術の技術がすげえオールドスタイルだ」ってバカにされてたんですよ。だから俺、いまでもヒクソンの気持ちが超わかるんですよ。

――どういうことですか？

鈴木　いまエネルギーの森さんなんかは、レスリングベースで全部やってるらしくてたぶんもう俺は敵わないくらい強いと思うんですよ。おそらく品川さんもいまは俺よりも強いでしょう。でも当時はすげえ弱かったんで俺が極めまくってたんですけど、いま俺がやることはないんで。

――やったらダメと医者から言われていますからね。

鈴木　だからヒクソンの気持ちがすげえわかるのは俺だけじゃないですかね。かつて「最強だ」って言われてね。

――まだ未開のときに自分だけが柔術を習っていて、最強と言われ、そして勝ち抜けし、いまは強さを証明することができないっていうことですね。

鈴木　はい。ずっと最強だと言われ続けていて。

――芸能界では「拓さんが柔術をやってて強いらしいよ」っていう噂ともうひとつ、「岡田准一が強いらしい」っていうのがあったわけですよ。

鈴木　ああ、ジークンドー。岡田さんはたぶん強いと思いますよ。まさかあんなのめり込むとはね。

――じつはボク、なんかの番組で「鈴木拓と岡田さんで試合できないかな」ってことで企画を出したことがあるんですよ。だけど岡田さん側から「競技を習ってるわけじゃない。スポーツじゃないのでテレビで披露できるものではない」っていう断られ方をしたんですよ。そんなに安いもんじゃない、と解釈したんですが。

鈴木　いやー、凄いですね。それはかなり本物ですね（笑）。そういえば昔、相方が骨法を習っていて。

――えっ、塚地さんって骨法を習ってたんですか⁉　東中野で？

鈴木　いや、大阪時代ですね。なんか骨法のセミナーみたいなのが大阪に来たとかで。本人はあまり言わないですけど、相方もけっこう格闘技が好きだったんですよ。それで相方がそのセミナーに行ったら堀辺師範がいて、教えてもらったことというのが、3時間くらいずっと手を相手の頭の上あたりにかざして、そうすると人間って上を見ちゃうと。そのときにもうひとつの手で下からの軌道のスイングで金的をポロッと打つっていうのをずっとやったと（笑）。

――塚地さんは金的打ちを3時間学んできたんですね（笑）。

鈴木　だから塚っちゃんはいまだに金的だけはすげえうまいんですよ。ゆっくりと手をかざしてからの下からのこれがすげえ速いんですよ。本当にペチャンとやっただけでキンタマがグニャーとなって「痛えー！」って悶絶しますからね。だから塚っちゃん最強説もある。〝キンタマ潰しの塚っちゃん〟だから。

「格闘技をやっていたから紳助さんとか全然余裕なんですよ。最終的にウケなかったら客を倒しちゃえばいい。ホトトギスと一緒ですよ」

――相手がそのトリックさえ知らなければ最強ですね。拓さんは格闘技をやっていてよかったなって思っています？

鈴木　ありますね。たとえば俺は紳助さんとか全然余裕なんですよ。紳助さんに失礼なことも言うし、全然ビビってなかったんですね。なんでかって言ったら、紳助さんとやったら俺は絶対に紳助さんを倒せるんですよ。

――おお……。

鈴木　倒せるし、「どうせ俺なんかテレビにも出てねえし、なんかあったらやってやんぞ」っていうのもあるし。それは格闘技をやっていたからこそっていうのはあると思います。

――そのマインドがいろんなところで活きているわけですか？

鈴木　だって最終的にウケなかったら客を倒しちゃえばいいんですよ。

――なんだ、その発想⁉　すべてのことを歴史から消してやると（笑）。

鈴木　笑わないんだから倒せって。

——織田信長だ（笑）。

鈴木　ホトトギスと一緒ですよ。

——そんな肝の据わり方があったんですね。

鈴木　俺は憶えていなかったんですけど、オードリーの若林くんをグラバカに連れて行ったことがあって、まだ売れる前ですよ。テレビに出始めの頃で「鈴木さん、格闘技をやりたいんですけど」って言うから「じゃあ、来る？」って言ったことがあるんですね。それで、こないだ若林くんに言われたのが『「どうしても前に出れない。どうしたらいいんだ』っていう相談を鈴木さんにしたら『格闘技をやればいいんだよ』って言われた」と。

——で、「倒しちゃえばいいんだよ」と（笑）。

鈴木　やっぱそう言っていたみたいで（笑）。若林くんも「それは違うんじゃないかな」と思いながらもグラバカに来て、そのときも俺が若林くんのことをボコボコにしたんですって。それで若林くんは「格闘技は怖いから二度とやらない」と思ったっていう。だから俺の根本には「やってやりゃいいんだよ」っていうのがあるみたいです。

——世の中には自分に自信がないっていう人も多いと思うんですけど、そういう人たちも「格闘技をやりゃいいんだよ」っていう気持ちはありますか？

鈴木　あります。どっかで「やっちゃうよ」っていう。自分に自信がないとか、嫌な上司がいるとかって人は格闘技をやってみたらいいと思うんですよね。俺もなんでこんなにあれかって言ったら、柔術をやっていたときに190センチくらいのヤツがひとりいたんですよ。それで先生から「コイツとやれ！」って言われて、そいつはすげえ俺のことをナメてる感じだったんですね。でも道衣を着てますし、「まあ、いいか」と思ってやったら、やっぱり簡単にパーンと倒せますし。

——倒せますし。

鈴木　向こうはそのとき初めてだったらしくて、そりゃもう倒せますよね。やり方もわからないんだからこっちは倒してそのまま三角絞めとかチョークをやったりとかして、「あっ、俺はこんなに勝てるんだ」と。

——身の丈190センチもある大男に。

鈴木　「全然いけるわ」ってなって、そこで本気の自信を持って「あっ、俺は強えんだ」と。だから格闘技を始めたら、まずは素人のでけえヤツとぜひやってほしいんですよね。とてつもない自信がついて、自分のことが最強だって思いますから。そうしたらなんにでも自信がつくんで、何があっても最後は「コイツ、なんか言ってるけど、まあいっか。許してやろうかな」って思えるようになります。自分がどんなにミスをしても、どんなにダメでも。これは本当にね、嫌なことを言う『はねる』のスタッフさんのこととかも「コイツ、倒せるけどな」って毎回思ってましたから。

――だから、どんなことにも耐えられていたと。

鈴木　全然耐えられてました。「最後はコイツを倒してから辞めよう」って本当に思ってましたから。まあ、嫌だから消すっていうのはテロリストと同じ考え方ですけどね（笑）。いや、そこにはね、「最後はやっちゃえばいいから全然耐えてやるし、まだまだいけるからいいや」というやさしさもあるというか。

――やさしさ。

鈴木　やさしさであり、自信であり。そういう背骨はちゃんとできているので。だから俺の出方も、決死の覚悟で「ここの場がぶっ壊れてもいいや」っていうスイッチが入るときがあるんですよ。いろんな番組でそうでしたし、逆にいまはそれがないからあまりよくないんでしょうけどね。守りに入ってるし、小銭を稼げたらいいみたいな（笑）。


『逃走中』で炎上したときはむしろうれしかった。人間って相手にされないのがいちばんツライし、無視されると死ぬって言われるくらいですから」

――そういえば『逃走中』の途中でドロップアウトして大炎上しましたよね。
鈴木　ああ。あんなもんもね、俺に文句を言うなら「来い、来い、来い。いつでもやってやるぞ」って本当に思っていましたから。バカみたいに「死ね」「死ね」「死ね」っていうのがめちゃくちゃ来てましたよ。だからってべつに訴えることもない。大井さんも知ってるけど、それまで俺は『はねる』でなんにも相手にされていなかったんですよ。それである日、大井さんから「言っていいですか？　俺、鈴木さんのことが凄い好きで企画をたくさん出すんですよね。でも鈴木さんの企画を出せば出すだけ却下されるので、俺はもう出すのをやめました」って言われたときに、大井さんが俺のことを好いてくれてるっていうのがわかったんですよ。別の作家さんとかはドライだから、塚っちゃんの企画は出してもべつに俺の企画は出さないし。
――ボクもまあまあがんばったんですけど、力及ばずで。
鈴木　作家さんってそんなに俺のことを好いてくれないんですけど、大井さんだけは会うたびに俺の話をしてくれたんですよ。俺も大井さんのことが凄く好きだし、頼みの綱だったんです。そうしたらあるときに大井さんからその言葉を言われて、「あっ、俺はもう終わった……」と思って。
――そこでボクのことを殺そうとは思わなかったわけですよね？
鈴木　思わないですよ。だって好きな人ですから。大井さんは殺さないです。

――ありがとうございます。

鈴木　当時、俺とかロバートの山本くんは現場に行ったら「しゃべんな！」って言われたりとかして、もうやることがないんですよ。だから俺らはふたりで人を殺すという部分を研ぎ澄ませていって、山本くんはボクシングで、俺は柔術でバケモンみたいにどんどん強くなっていくんですよね。そうして毎回『はねる』で「おまえら、いたのか」みたいな死んだような扱いになっていたからフラストレーションが溜まっていき、ただただほかの演者がやってるのを黙って見てるっていう時間が過ぎていったんですけど、『逃走中』に出たら「死ね！」とか「おまえはドロップアウトして最低だ！」とかって言われて、それがまあうれしくて。

――「あっ、相手にされてる！」と。

鈴木　「相手にしてくれてるじゃん」と。やっぱり人間って相手にされないのがいちばんツライし、無視されると死ぬって言われるくらいですから。そのときは「最後に嫌いだったスタッフを消して、俺も芸能界から消えてやろう」と思っていたくらいなので、文句を言われてることはうれしいし、本当にかかって来たら俺のほうが絶対強いし、もういいことづくめですよ。

――どっちに転んでも。

鈴木　むしろ幸せでしたね。「殺すぞ！」って言われて「殺すってことは俺は生きてるんだね。うれしいなあ」って思ってました（笑）。だから炎上したときは怖くもなかったですし。

――でも、いまはネットで心を病む人とかも多いじゃないですか。

鈴木　本当の地獄というのは、テレビに出ておきながら「しゃべるな」って言われることですよ。「鈴木と山本には話を振るな！」って目の前でキングコングの西野とかインパルスの堤下が怒られてるのを俺らは黙って下を向いてなきゃいけないっていうね。西野や堤下も「いや、なんでですか？　このメンバーで3カ月一緒にやっと来たのになんで話を振っちゃいけないんですか？」ってスタッフさんに食ってかかっていたんですよ。だから俺は梶原よりも西野のほうが好きなんですよ。

――そういう点においては。

鈴木　いやまあ、どっちも好きじゃねえんですけど、まだ西野のほうが好きで、そこで西野は食ってかかっていたから。そうしたらスタッフさんがマジで殴る勢いで「コイツらの話なんか誰も聞きたくねえんだよ！」って俺と山本くんの目の前で言ったんですね。そのときの山本くんの握り拳のやり方が本当にプロボクサーの、「このナイフをコイツに突き刺してやる」くらいのもんで。ただ、俺も山本くんも下を向いたまま「やめておこう……」っていう。

「俺は凶暴な犬の前足を取って三角を極めたことがあるんですよ。その頃はずっと三角の練習していたから勝手に身体が動いて」

——いつでも殺せるんだから、いまはまだ殺さずにおこうと（笑）。

鈴木　でも偉いもので、それから西野と堤下も一切俺らに話を振らなくなりましたね。

——アハハハハ。とにかくまあ、格闘技をやろうぜってことですよね。

鈴木　やったほうがいいですね。これは俺が芸人になる前の話なんですけど、近所にすげえ噛む犬がいたんですね。そこら一帯で噂になっていて、ある日、その噂のワンちゃんがふらーっと俺のとこに来たんですよ。そのとき俺はひとりだったんですけど、そのワンちゃんが俺を見るやいなやバーッと走ってきたので俺はテイクダウンされたみたいになってそのままうしろに転んじゃったんですけど、俺の足がブロックする形でガードポジションになったんですよ。それでワンちゃんはガッと俺を噛みに来ようとしたところを俺はそのままワンちゃんの前足を取ってササッと三角を極めたんですよ。

——ウソつけ！（笑）。

鈴木　大井さん、これはマジなんですよ。その頃、俺はいつも三角の練習をしてたんで。

——犬に三角を極めたぁ？（笑）。

鈴木　もうずっと練習してたから勝手に身体が動いて。そうしたらね、これもマジなんですけど、ワンちゃんがもう片方の前足でトントンって静かに2回タップしたんですよ。それで俺もハッと我に戻って、絞め落とすこともなく三角を解いたら、ワンちゃんが走って逃げて行ったんですよ。格闘技をやってると気がついたら凶暴なワンちゃんに三角絞めで勝つまでになっていたんですよ。これはマジですからね！

——じゃあ最後に、最近あった「冗談じゃない！」っていうエピソードはありますか？

鈴木　なんかあったかな……。最近じゃなくて昨年暮れの話なんですけどドラマの仕事が入って。監督さんから「ボクは鈴木さんのことが好きで、本当に出てもらいたくてオファーをさせてもらいました。なので出てもらえませんか？」って言うから、「そんなに言うんだったら、じゃあ出よう」ってことで出たんですね。それで監督さんに「なんの役柄ですか？」って聞いたら「変質者の役です。鈴木さんに出てもらいたくてわざわざ当て書きをしました」って言うんですよね。そこでもう俺は「なんだよ」って思ってるんですけど、それでその役としては俺が女子高生にうしろから「ねえ！」ってトントンとやって、女子高生が振り返ったときに俺がコートを開いてバッと見せるんですね。もちろん前張りはしてますけど。

――めちゃくちゃ適役じゃないですか。

鈴木　それでロケで俺が女子高生に「ねえ!」と言ったら、そのコは役柄で「キャー!」って叫ぶんですけど、ちょうど近くを通りがかった一般のサラリーマンがそれを見て腰を抜かしちゃってたんですよ。

――本物の変質者が出たと勘違いして。

鈴木　でもADさんは黙ったままそのサラリーマンを行かせようとしてるんですよ。「いやいや、ちゃんと説明しろよ!」と。だってそのサラリーマンの人、「うわーっ!」って腰を抜かしちゃったあとにすぐにスマホを取り出してたんですよ。

――あやうく通報されるところだったと(笑)。

鈴木　それで「はい、オッケーです!」ってなったときにそのサラリーマンの人も「あっ、テレビの撮影なんだ……」みたいな。いやいや、あれは冗談じゃなかったですよ。

大井洋一(おおい・よういち)
1977年8月4日生まれ、
東京都世田谷区出身。放送作家。
『はねるのトびら』『SMAP×SMAP』『リンカーン』『クイズ☆タレント名鑑』『やりすぎコージー』『笑っていいとも!』『水曜日のダウンタウン』などの構成に参加。作家を志望する前にプロキックボクサーとして活動していた経験を活かし、2012年5月13日、前田日明が主宰するアマチュア格闘技大会『THE OUTSIDER 第21戦』でMMAデビュー。2018年9月2日、『THE OUTSIDER第52戦』ではTHE OUTSIDER55-60kg級王者となる。

鈴木拓(すずき・たく)
1975年12月7日生まれ、神奈川県綾瀬市出身。芸人。ドランクドラゴンのツッコミ担当。プロダクション人力舎所属。
高校卒業後、2年間のフリーター生活を経て、芸人を目指して人力舎のお笑い養成学校であるスクールJCAに入所。1996年に同期生だった塚地武雅とドランクドラゴンを結成する。2000年4月から放送された『新しい波8』(フジテレビ)に出演し、『はねるのトびら』のレギュラーに抜擢される。2008年『キングオブコント』準決勝進出。2009年、2010年と3年連続で準決勝へ進出を果たす。格闘技に造詣が深く、柔道や柔術の経験もあるため、一部で「芸能人最強」と囁かれたこともある。2020年より『鈴木拓 Kayak Fishing in Japan』でYouTubeデビューをしている。

兵庫慎司のプロレスとはまったく関係なくはない話

第76回　団体って大事、という話

兵庫慎司

兵庫慎司（ひょうご・しんじ）1968年生まれ、広島出身、東京在住、音楽などのライター。音楽サイトDI:GA ONLINEに『兵庫慎司のとにかく観たやつ全部書く』を月2回ペースで連載中。なお、2016年に「私たちは音楽の未来を奪うチケットの高額転売に反対します」というキャンペーンを始め、行政に働きかけ、最終的にチケットキャンプの不正を警察が摘発して閉鎖に追い込んだ、という成果も、音楽4団体は生んでいます。そのキャンペーンの広告の文章、ライターが団体幹部数名の話をきいて声明文としてまとめ、さらにそれに幹部たちが手を入れて完成させたものでした。そのライター、私でした。ここで初めて明かしてどうする。

この本が出るのは10月頭なので、かなり古い話になってしまうのだが、2021年8月29日（日）に愛知県常滑市で行われ、主催者発表で8000人が集まった、ヒップホップの野外フェス『NAMIMONOGATARI』の件。コロナ禍であることをほぼ無視したザル運営で、大問題になったあれです。なお、トリは、かつて本誌の表紙を飾った舐達麻。

参加者の多くがマスクをせず、平気で声をあげ、ソーシャルディスタンスもへったくれもなしでモッシュまで起き、アルコール類も販売され——という状態だったことが、動画などで拡散、世に広がる。翌日8月30日の会見で、大村秀章愛知県知事が「強く要請したことが守られていないことは、極めて問題であり、遺憾」と発言。開催2週間後の9月11日には、このフェスへの参加による感染者が、わかっているだけで36人を超えた。という、この件を最初に知ったとき、僕が思ったことは。

うわあ。やっぱり外から来たかあ。

だった。「外」というのは、音楽業界の4団体、いずれにも加入していない人たち、ということだ。一般社団法人コンサートプロモーターズ協会、通称ACPC。日本各地のイベンター・プロモーターの団体である。一般社団法人音楽制作者連盟、通称音制連。マネージメント会社、いわゆる事務所の連盟で、ロック系はここが多い。一般社団法人日本音楽事業者協会、通称音事協。これも事務所の協会だが、こっちは芸能界寄りで、ホリプロとかワタナベエンターテインメントとかバーニングとか。ただし、バンドっぽいSMAは音事協で、芸能方面にも強いアミューズは音制連、というようなケースもある。最後は、一般社団法人音楽出版社協会。いわゆる音楽の著作権を保持する会社の協会なので、音制連や音事協に入っている事務所の多くが加入している。

『NAMIMONOGATARI』を行った会社は、そのいずれにも加入していなかった。というか、ざっくり言うと、ヒップホップも、レゲエも、ハウスやテクノなんかまで含めて、クラブ系の音楽の人たちって、ほとんどが加入していないのだ。ライムスターやKREVAやCreepy Nutsみたいな、メジャーなやつは例外だが、基本的には外、実質的には別業界。だから、中のルールには従わない、という。

9月2日には、この事態を受けて、4団体が共同で「公演開催等での感染防止対策に関する音楽団体共同声明」を発表した。4団体に加入していない野外フェスが、「コロナ禍におけるライブ/フェスのルール」について、我々が1年半かけて、国や自治体やお客さんと構築してきたことを台無しにした」と、抗議する内容だった。「一緒にされちゃたまったもんじゃない、別物であることを理解してください、みなさん」ということだ。

じゃあ、その4団体に入っている会社なら、大丈夫なのか? 大丈夫なのだ。ということを、コロナ禍以降のライブの現場で、僕は何度も体験してきた。

現在、飲食店として届け出を出している街のライブハウスは20時で閉店、そうでないZepp等の大型ライブハウスやホールやアリーナは21時終了、というふうに決められているが、どこのライブハウスも、どこのイベンターも、神経質なくらいそれを守っている。アルコールNGも然りで、たとえば新代田FEVERは、楽屋に出演者用の自販機があるんだけど、そこのアルコール類まで止められており、「外で買って持ち込むのもNGです!」という注意書きが貼られている。フジロック(今年も行きました)のエセ・タイマーズのステージでは、「バックステージも徹底的にノンアルで、The Birthdayのチバユウスケが水を飲んでいた」という驚愕の事実を、TOSHI-LOWたちが報告していた。

そんなふうにみんな異常に高い緊張感でルールを守っているのは、もちろん「ライブ業界を守らなくては」という意識ゆえだろうが、「自分だけルールを破ったらえらいことになる」という恐怖もあるのではないか、と思う。4団体加入者であることが、現場での抑止力になっているわけだ。

アルコールを出さずに20時で閉める、もしくはしばらく休業する、という形で、がまんしている店はがまんしているが、いつもどおり酒を出して遅くまで営業している店もある、そして緊急事態宣言が長引けば長引くほど、耐えられなくなって自粛をやめる店が増えていく飲食店の業界と対照的だと言える。というか、この事実によって、そうか、飲食店の業界は、そういう統括的な団体がないんだな、ということを、僕は知ったのだった。

逆に言うと、統括的な団体がないがゆえに、みんなでまとまって行政に要望を出したりできるシステムがない、だから目の敵にされて、「20時で閉めろ」とか「酒を出すな」などと、締め上げられ放題締め上げられている、ということでもある。

音楽4団体は、コロナ禍以降、興行の継続や補助金の申請で、政府に交渉を行っているし、映画界も、全興行連(全国興行生活衛生同業組合連合会)が同様の活動をしている。でも飲食業界は……ということなんだなあ。なるほどなあ。団体って大事なんだなあ。と、今さらながら身にしみて学んだ、2021年の夏だったのでした。

HENTAIZADANKAI

玉袋筋太郎の変態座談会

TAMABUKURO SUJITARO

邪道

ONITA ATSUSHI

大仁田厚

アメリカに電流爆破ブーム到来!!
"オータニ"から"オーニタ"へ!?
引退と復帰の二刀流を振り回し
ついに邪道が変態座談会に見参

収録日：2021年9月13日　撮影：橋詰大地　試合写真：平工幸雄　構成：堀江ガンツ

[変態座談会出席者プロフィール]
玉袋筋太郎（1967年・東京都出身の53歳／お笑い芸人／全日本スナック連盟会長）
椎名基樹（1968年・静岡県出身の52歳／構成作家／本誌でコラム連載中）
堀江ガンツ（1973年・栃木県出身の48歳／プロレス・格闘技ライター／変態座談会主宰者）
[スペシャルゲスト] 大仁田厚（おおにた・あつし）
1957年10月25日生まれ、長崎県長崎市出身。プロレスラー。
1973年、ジャイアント馬場に憧れて全日本プロレスに「新弟子第1号」として入門。1974年4月14日、佐藤昭雄戦でデビュー。NWAインターナショナル・ジュニアヘビー級王者として活躍し、全日本ジュニアのエースに君臨するが1985年1月に左ひざの負傷が原因で引退。1988年12月に現役を復帰すると、翌年にFMWを旗揚げしてノーロープ有刺鉄線電流爆破デスマッチなどで大ブレイクを果たす。1995年5月5日、ハヤブサを相手に2度目の引退。その後はタレント、俳優業に専念していたが、1996年12月に二度目の現役復帰。1999年1月4日からは新日本プロレスに参戦して佐々木健介、蝶野正洋、グレート・ムタ、長州力らと対戦。その後も引退と復帰を繰り返し、現在も試合に出場し続けている。

「10月31日にニュージャージー州アトランティックシティーの球場で電流爆破をやることになったんですよ」（大仁田）

玉袋　大仁田さん、ご無沙汰しております！

大仁田　いやあ、お待たせしてすみません。さっき試合が終わったばかりで。

玉袋　電流爆破マッチをやってきたんですよね!?　まだ湯気が立っていますよ（笑）。

椎名　どことなく火薬の臭いが（笑）。

玉袋　電流爆破の現場あがりで来ていただいた人は初めてですよ！

ガンツ　大仁田さんは今年、ＦＭＷＥという爆破専門の団体を旗揚げされたんですよね。

大仁田　もう格好とか関係ないんで、特化したものがいいかなって。

玉袋　爆破専門の団体っていうのが凄い！

椎名　特効の会社みたいですね（笑）。

大仁田　最近はまたチケットも売れるんですよ。

玉袋　このご時世に凄いですね。コロナとかの影響はどうなんですか？

大仁田　あまり関係ないですね。客数の規制はありますけど、今日も６００人入るところを４５０人くらいにしたりとか。本当はもっとたくさん入るところでやりたいんですけど、いまはあの規模の爆破をやれるところが鶴見青果市場しかないので。

玉袋　やっぱり火薬なんかの関係で、爆破をやれるところは限られているわけですね。

椎名　でもコロナ禍で密にならなくていいよね。爆破できるぐらい換気がいいところじゃなきゃできないわけだから（笑）。

大仁田　今日も大型扇風機を用意したんですよ。前回の旗揚げ戦は爆破であまりにも煙が立ちすぎて、リングが見えなくなってしまったんで。

玉袋　煙でリングが見えないってところがまたいいよ〜（笑）。

大仁田　試合の配信もやっているんですけど、アメリカのほうが観てくれているんですよ。いまは視聴者数の６割がアメリカで。

玉袋　大仁田さんが発明した電流爆破マッチが、30年経ってアメリカでまた火がつくっていうのは凄いですね！

大仁田　やっぱり同じ爆破でも、日本のほうが凄いんですよ。何年か前にＣＺＷに行ったときはショボい爆破バットだったし、そのあと今年3月にＡＥＷでケニー・オメガとジョン・モクスリーが「電流爆破をやりたい」って言うから、「どうぞ、どうぞ」って言って。それでケニーとモクスリーがフロリダで電流爆破をやったんですけど、その爆破がショボかったんですよ。

ガンツ　大仁田さんがやってきた爆破と比べると、全然ショボい爆破で、会場から失笑が起きちゃったんですよね。

大仁田　それでまた俺が脚光を浴びたんです。「やっぱりオーニタの爆破が観たい！」って。

ガンツ　ケニー・オメガとジョン・モクスリーという、いま世界でトップのレスラーがやる電流爆破よりも「大仁田の本物がみたい」ってなるところが凄いですね。

玉袋　やっぱり日本の火薬技術は世界に誇れるんだよ。だって、いまは映画やドラマの爆破シーンなんて全部CGなわけじゃん。そうなると、やっぱり昔の『西部警察』が本当にドッカンドッカンやっていたのが見たくなるのと同じで、大仁田さんが見たくなっちゃうのもわかるよ。

椎名　大仁田厚＝西部警察説（笑）。

大仁田　だから今度、10月31日にニュージャージー州アトランティックシティーのトレントン・サンダー・ボールパークという球場で電流爆破をやることになったんですよ。

玉袋　すげえ！　アメリカ進出ですか。アメリカの特効チームの爆破技術っていうのも、ハリウッドがあるくらいだからレベルが高いと思うんですけど、やっぱり違うんですかね？

大仁田　向こうの消防法が厳しいみたいで、ケニーとモクスリーは室内でやったからあれしかできなかったみたいなんですよ。でも今回は屋外なんで。また、そこのスタジアムも2020年まではニューヨーク・ヤンキース傘下のAA級チームの本拠地だったけど、いまは廃れてきちゃっているから、大きなショーをやりたいっていう意向があるみたいなんです。それで野外でスタジアムがオッケーだったら消防法もオッケーになるから、日本の地雷爆破とかをそのまま持っていけるっていう話になったんです。

「燃え尽きたら辞めようって言ったって、大仁田さんはもう何回も引退していますけどね（笑）」（玉袋）

椎名　爆破の技師さんも日本から連れて行くんですか？

大仁田　そのままやってもらいますよ。俺が電流爆破を生んで30年来の夢ですね。

玉袋　日本が誇る電流爆破がついにアメリカにわたるっていうのがいいね。だってさ、いまはコロナで花火大会だってほとんど中止になっているご時世だよ？　おかげで火薬が余ってるっていう話なんだから（笑）。

大仁田　そうそう。花火大会がなくて花火屋さんがかなり潰れているらしいんだよ。だけどウチだけが花火みたいなことをやってるっていうことで。それでいまの電流爆破って昔よりも凄いんですよ。今日も地雷爆破を受けてきたんですけど、あんなのまともに受けたら死んじゃうだろうっていう。

椎名　それを死なないようにやるのがプロですよね。

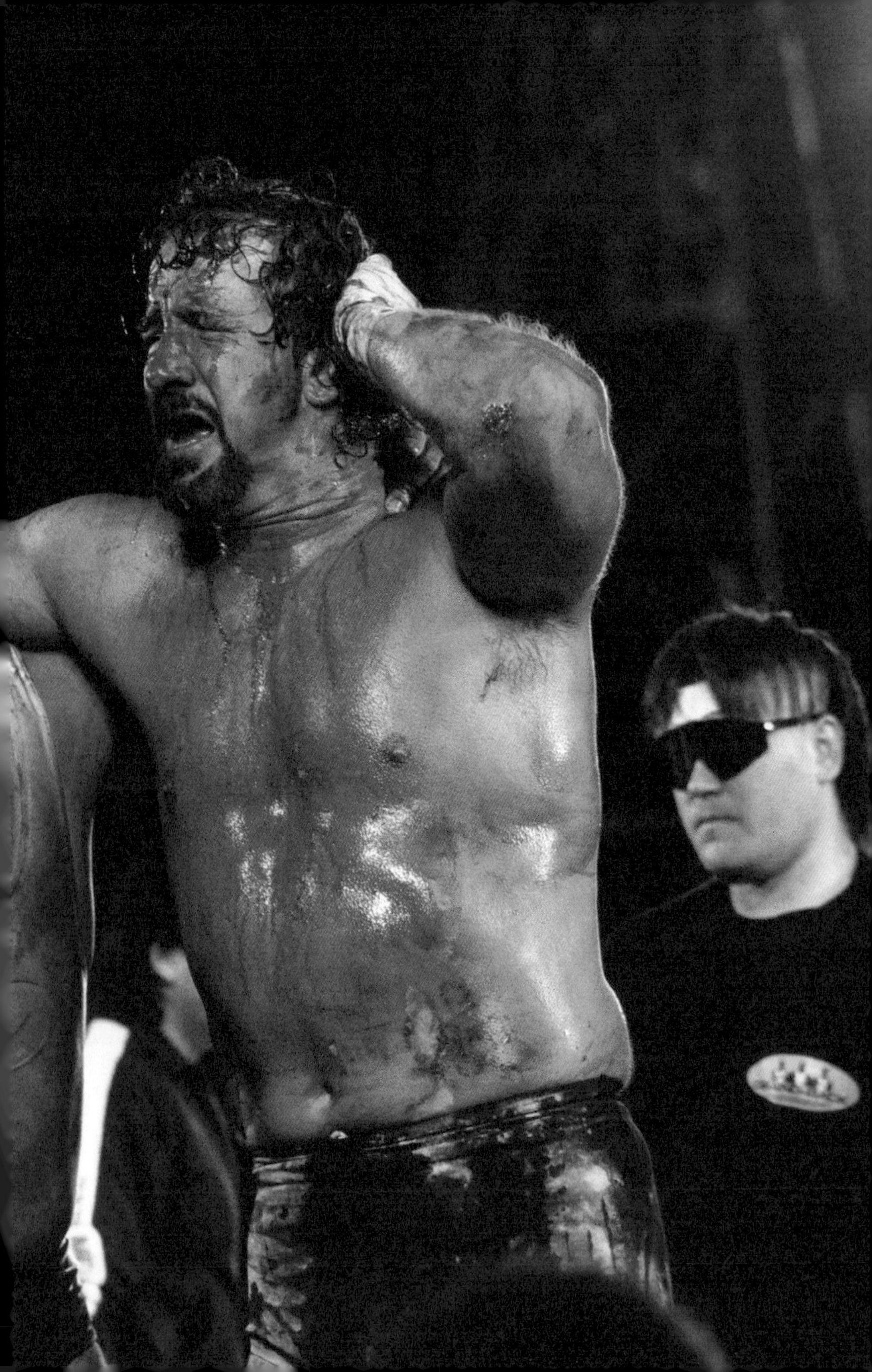

大仁田　死んじゃったらシャレにならないし、このインタビューも受けてないよ（笑）。

玉袋　いやー、大仁田さんは凄いわ！

大仁田　開き直ったんですよ。自分がやりたいことをやってもいいじゃねえかって。人なんてさ、生きていられる時間は限られてるんだからさ。

玉袋　やっぱり還暦を超えたら、そういう考えになってくるんですか？

大仁田　それもあるのかな。だって1回の人生でさ、あと何年生きられるかわからないのに、人に気をつかったりとかないですもんね。

玉袋　人に迷惑をかけずに自分勝手に生きるっていうのがいちばんいいですよね。

大仁田　こんな自分勝手な俺にファンがついてきてくれるんですよ。8月の大阪大会なんか、試合後にグッズ販売のサイン会をやったら300メートルぐらい並んじゃって。還暦を過ぎてもグッズが売れるんだから、ありがたいなって。

玉袋　大仁田さんは息が長い。夜中にCSの日テレジータスとかで昔の全日本プロレスの試合を観ていると、まだボーヤの頃の大仁田さんがセコンドで映っていて、いっつもいい位置にいるんだよ。あの頃、絶対にカメラを意識してましたよね？（笑）。

大仁田　あれは俺が馬場さんの付き人だったから、かならず馬場さんのうしろに映っていたんですよ（笑）。

玉袋　いや、それを差し引いてもいいところにいるんですよ。全日の大仁田さんか、新日のドン荒川さんかっていうくらいに（笑）。

ガンツ　見切れまくっているわけですね（笑）。

玉袋　あの頃から大仁田さんみたいにさりげなく自分をアピールできていないんだよ。ほかの若手は大仁田さんは〝プロ〟だったんだなって。ああいう若い頃からカメラとか客席を意識していたからこそ、いまの大仁田さんがあるんじゃないかと思うんですけど、どうですか？

大仁田　それは多少あるかもしれないね。やっぱり昔から人を驚かせたりするのが好きでしたから。ボクはハッキリ言って自分にプロレスの才能があるとは思ってないし、ドロップキックが綺麗なわけでもないし、技が冴えてるわけでもない。最近、たまたま鷹木信悟とウィル・オスプレイの試合動画を観たけど、あんな試合はできっこない（笑）。

ガンツ　まあ、そうですね（笑）。

大仁田　でも鷹木はもともと俺のファンでプロレスラーになったんですからね。それがいまはIWGP（世界ヘビー級）チャンピオンだからさ。

ガンツ　邪道の遺伝子が新日本のトップに立っているという（笑）。

大仁田 新日本はずっと俺のことを否定していたけど、鷹木がチャンピオンになったいま、もう否定できないだろうって。逆に言うとオスプレイみたいな試合はサーカスみたいなものって否定する人もいるけど、ボクは否定しないんですよ。ただ、そういうプロレスとは真逆のことをやろうって考えたのが今回のFMWEだったんです。そのきっかけを作ってくれたのが、ケニー・オメガとモクスリーの試合だったんですよ。

ガンツ 身体能力前提のアスリートプロレスとは違うもの、ということですね。

大仁田 こっちはもう還暦を過ぎて動けないんだから、花火でも爆弾でもなんでもいいからもうやっちまえみたいなさ。それで火薬がなくなったり、燃え尽きたらやめようよってい う（笑）。ボクは何年先とか次のことと考えていないんですよ。燃え尽きたら辞めようぐらいにしか思っていない。

玉袋 でも大仁田さんは何回も引退してますからね（笑）。

大仁田 7回ほどさせていただきました（笑）。

「引退した人間が復帰することを批判する人もいますけど、戻ってくるのにも意外とエネルギーが必要なんですよ」（大仁田）

ガンツ 1985年に全日本プロレスで一度目の引退をしたときは、本当にもうこれ以上プロレスができないくらいヒザが悪かったんですか？

大仁田 べつにヒザのケガは嘘じゃないから！

ガンツ 嘘とは言ってないです（笑）。

大仁田 ヒザはいま人工関節ですから。

椎名 場外ですべってヒザが砕けちゃったんですよね？

大仁田 バラバラに砕けたんですよ。粉砕骨折で。それでも治療して続けたらヒザがダメになって、これは本当の引退ですよね。

玉袋 本当の引退（笑）。

ガンツ 馬場さんから引退勧告があったんですか？

大仁田 いや、引退勧告じゃなくてできなかったんですよ。もう歩くのも大変だったんで、辞めなきゃいけないなと。

玉袋 それはいくつのときですか？

大仁田 26かな。

椎名 そんな若いんだ!?

大仁田 それからは奈落の人生というか、いろんなことをやって。

ガンツ 最初はNTTの前身、電電公社の代理店を立ち上げたんですよね？

大仁田 そうそう。なんで知ってるの？

ガンツ 本で調べました（笑）。あとはお店もいろいろやられて。

大仁田　ゴミを4トントラックに積んで捨てに行ったりとかね。解体屋のアルバイトでゴミの山に捨てに行くんですよ。それから戻ってまたゴミを積んでもらって。でも意外と楽しかったですね。

玉袋　楽しいって言えるのが凄いですよ。

大仁田　ああいう世界っていうのは、先輩たちが奢ってくれたりするんですよ。なんか温かかったですね。

玉袋　でも大仁田さんは、20代で一度引退して社会に出た経験がよかったんでしょうね。プロレス村の外の世界を知ることができたっていう。

大仁田　人間、時には挫折も必要だと思いますよ。だからテレビで有吉（弘行）なんかを観ると、猿岩石をやって1回ダメになって、だからこそいまがあると思うんだけど。有吉がよく俺の名前を出してネタに使うからさ（笑）。

ガンツ　もともと大仁田さんのファンですからね（笑）。

大仁田　アイツ、ウソばっかり言うんだよね（笑）。

椎名　大仁田さんにウソつき呼ばわりされたら、有吉さんも本望ですよ（笑）。

大仁田　だからいま玉袋さんが言ったように、1回外に出たことによって客観的にプロレスを観られるようになったんだと思いますよ。それによって固定観念にとらわれずFMWというものができあがったんだろうし。一度引退した人間が復帰するのを批判する人もいますけど、戻ってくるのにも意外とエネルギーが必要なんですよ。

玉袋　それはそうでしょう。

ガンツ　あの時代のプロレス界は、一度辞めたら戻ってこられないですからね。

椎名　初めて戻ってきたもんね。

「新聞のオヤジが『UWFに挑戦してこい』って言うから行ってみたら、UWFの神って社長が『チケット持ってますか?』って言いやがって」（大仁田）

ガンツ　大仁田さんがプロレス界に戻る足がかりとなったジャパン女子プロレスのコーチ就任は、どういう経緯でやることになったんですか?

大仁田　たまたま知り合いがいて、「ジャパン女子でコーチをやるか?」って聞かれたんで「あっ、やりますよ」って。そのとき30万くれるって言うから、ゴミを捨ててるよりも30万でプロレスを教えるほうがいいなって。

ガンツ　でもジャパン女子に行ってみたら、選手たちはみんな山本小鉄さんの教え子だから、全日系の大仁田さんの言うことをまったく聞かなかったっていう（笑）。

大仁田　そう。俺の言うことをまったく聞かないんだよ!（笑）。「なんだコイツら。女子プロってクソだな……」って思ってね。女子プロの選手にもファンにも嫌われたけど、その後、FMWでは工藤めぐみを育てたりしていますからね。いまはWWEでも女子がトップを取ったりするじゃないですか。男子と女子が同じ団体でやるのは当たり前になったけど、男女混合の団体はウチが初めてだったんですよ。

ガンツ　あれも当時としては画期的でしたけど、ジャパン女子でのコーチ経験がないと、あの発想は出てこなかったかもしれないですね。

大仁田　そうですよ。あの当時はさんざんブーイングされましたけどね。

ガンツ　ジャパン女子のリングでグラン浜田さんと試合をしたら、総スカンを食いましたもんね（笑）。

大仁田　あれは影の仕掛け人である新間のオヤジ（新間寿）がいけないんだよ。俺も浜田さんも新間のオヤジが「やれ」って言うからやっただけで。そうしたらもうブーイングなんてものじゃなかったから。客から「帰れ！」とかそんな罵声ばっかで「なんでこんな試合をやらなきゃいけねえんだ……」って思ってさ。それと新幹線の片道切符だけもらって大阪に行って、「UWFに挑戦してこい」って。あれも新間のオヤジに言われたんだよ。

椎名　大仁田さんが新生UWF大阪大会に乗り込んだのは、そういう経緯だったんですね（笑）。

大仁田　「世界格闘技連合 大仁田厚」っていう名刺を作ってくれてさ。世界格闘技連合ってどこにあるんだっていう（笑）。

椎名　その名刺を持って行けって言うんですか？

大仁田　「名刺を持って行ったら入れてくれるから」って。

椎名　凄いな、新間さん（笑）。

大仁田　それで、いざ行ってみたらUWFの神（新二）って社長が「チケット持ってますか？」って言いやがって。

ガンツ　新間さんとはジャパン女子で出会ったんですか？

大仁田　そう。浜田さんが新間さんの世話になっていたんだよ。それで新間さんが「世界格闘技連合」っていうあるかどうかわからない組織の名刺を用意してくれて、「大仁田、これを持って行け！」って。それで新幹線は片道しかくれなくて。

椎名　なんで片道なんですかね（笑）。

ガンツ　帰りは自力で帰ってこいってことですかね（笑）。

玉袋　でも、あのUWFに乗り込む大仁田さんも凄いと思いましたよ。

大仁田　べつに俺自身はUWFになんの興味もなかったんですけどね。

ガンツ　あれは大仁田さんがUWFに挑戦するっていうのではなく、世界格闘技連合が送り込む空手家の代理人として挑戦状を持って行ったんですよね。

大仁田　あのときは大阪の空手道場の道場主が大阪府立体育

会館の前で待ってるっていうから会ったんだけど、その人はくなって。会場に入らずに帰っちゃったんだよ。だから俺が行くしかな

椎名　どういう話ですか、それ（笑）。

ガンツ　結局、UWFとの話はその後進展しませんでしたけど、世界格闘技連合と絡んだことが翌年の『格闘技の祭典』（1989年7月2日、後楽園ホール）での青柳（政司）館長との異種格闘技戦につながるわけですよね。

大仁田　そう。あれは梶原一騎追悼興行でね。

ガンツ　新聞さんと真樹日佐夫先生のラインですよね。いわば、あの『格闘技の祭典』こそ、正体不明だった世界格闘技連合の興行みたいな感じで。

大仁田　あれも新間のオヤジに「出ろ」って言われたから出たんだよ。青柳って空手家のことは何も知らなかったんだけど試合をして、俺がイスでぶん殴って血だらけにしたら、佐竹（雅昭）とか当時の若い空手家が20人ぐらいリングに乱入してきてさ。

玉袋　あのヒリヒリ具合は凄かった！

大仁田　あれはマジですよ。リングサイドは空手家とか空手関係者ばかりなんだけど、みんな殺気立ってて。こっちはまだデビューもしていない頃の邪道、外道、（スペル・）デルフィングらいで。

玉袋　空手の猛者がズラリと揃った中で、大仁田さんにはたけしプロレス軍団の残党しか付いてないんだもんな（笑）。

ガンツ　ウォーリー山口さんのところで練習していた3人ですよね（笑）。

大仁田　そうそう。よく知ってるなー（笑）。ウォーリーさんは死んじゃったんだよな。

「初期のFMWは大仁田さんがボロボロにやられて相手を光らせたからこそ、毎回盛り上がりましたよね」（ガンツ）

ガンツ　でも、あの異種格闘技戦での大仁田さんの度胸は凄かったですね。

大仁田　あんなの開き直るしかないだろ。だってリングサイドは空手家ばかりだし、観客も空手家の弟子とかしかいないんだもん。

玉袋　その完全アウェーの中で、イス攻撃をやってる大仁田さんが凄いよね。

大仁田　俺がイスで殴って青柳が大流血したら、もうめちゃくちゃですよ。

ガンツ　異種格闘技戦でイスを使ったのは大仁田さんが初めてですからね。そして試合後の控室で大仁田さんが開き直って「レスラーなんだからイスも使う」って言ったのが痛快で

した（笑）。

大仁田　あのイスだって用意していたわけじゃなく、後楽園ホールのお客が座っていたイスだからね。

ガンツ　あの試合は週プロのカラーページに掲載されたんですけど、誌面からもただごとじゃない感じが伝わってきていましたよ。

椎名　雑誌だけで伝説になるんだもんね（笑）。

玉袋　あれはすげえことが起こってるって思ったよ。しかも一度表舞台から消えた大仁田厚が、裸一貫でやってる感じがして。なんか響いたんだよな〜。

ガンツ　青柳戦の前に、大仁田さんは日本初のインディー団体だったパイオニア戦志に出て、メインイベントで剛竜馬さんと試合をしたじゃないですか。あのとき、「剛さんが団体を作れるなら、俺もいけるかな……」って思いました？

大仁田　少し（笑）。

椎名　剛さんもプロレス界の役に立ってますね（笑）。

玉袋　そりゃ不器用な剛さんが団体をやるよりも、大仁田さんがやったほうが絶対にいいよ。

大仁田　不思議なことに新日本出身のレスラーよりも全日本出身のレスラーのほうが対戦相手に合わせられるんですよ。新日本出身のレスラーって、どっちかって言うと自分のやることがすべてみたいなところがあったじゃないですか。ボクらは受けることがすべてみたいな教えられ方をしたので、全然違うんですよ。

玉袋　そう考えると新日のほうが頭が固いよね。その新日が先鋭化したのは、攻め一辺倒のＵＷＦで、大仁田さんはその対極だったからこそ、グッと惹きつけられたんだよな。

ガンツ　初期のＦＭＷは大仁田さんがボロボロにやられて相手を光らせたからこそ、毎回盛り上がりましたよね。それこそ青柳館長との試合でも大仁田さんはボッコボコに蹴られて、めちゃくちゃにやられていたじゃないですか。

大仁田　俺が『格闘技の祭典』で青柳さんとやったとき、どんな人なのかまったく知らなかったし、あんなめちゃくちゃな試合だったけど、「あっ、この人はプロレスが好きなんだな」っていうのを感じたんですよ。

玉袋　試合をしながら「この人はプロレスが好きだな」って感じていたんですか？

大仁田　感じましたよ。それがＦＭＷの旗揚げにつながったわけでね。

玉袋　すげえ〜！

ガンツ　あの騒然となった会場で、リング上の大仁田さんと青柳さんの中では通じ合うものがあったという。

大仁田　だってリングのまわりにいるヤツらは本当に興奮してるんだもん（笑）。

玉袋　その時点で大仁田さんの掌の上だからね。

ガンツ　それでまた青柳館長もセコンド陣に「下がれ！　俺が倒す！」みたいなことをやるんですよね（笑）。

椎名　そっか。館長は「ここは俺が目立つところ！」っていう感じだったんだろうね（笑）。

大仁田　だけど不思議ですよね。新日本で育ったレスラーと、全日本で育ったレスラーって全然違うんですよね。どちらがいいかはわからないけど、俺の場合は全日本で育ってよかったなっていうのがありますよ。

ガンツ　インディーでFMWが最初に成功したっていうのは、大仁田さんのセンスと、全日的な誰とでも試合ができる、バンプが取れるっていうことが大きかったと思います。

大仁田　そうだよね。だってレオン・スピンクスを呼んで地方巡業に連れて行ったんだから。よくよく考えるとひどい話だよな。ボクシングの元世界チャンピオンが地方の体育館でやってるんだから（笑）。

ガンツ　しかも普通の世界チャンピオンじゃないですからね。モントリオール五輪の金メダリストでもあり、あのモハメド・アリから王座を奪った、レジェンド中のレジェンドですから。

玉袋　そうなんだよ。ローリング・ストーンズを地方公演に連れて行くみたいなもんだよ（笑）。

椎名　ミック・ジャガーのどさ回り（笑）。

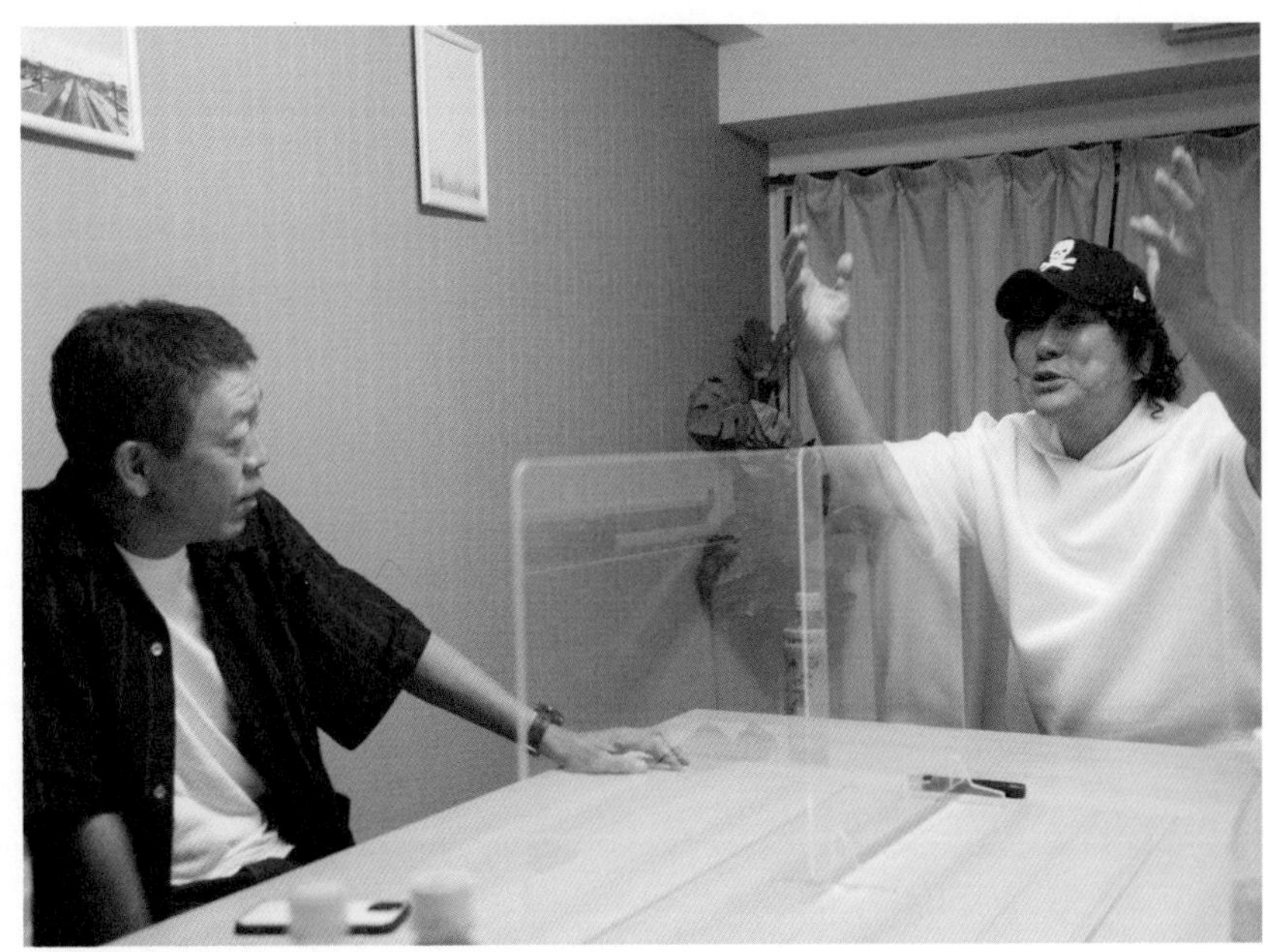

大仁田　俺はレオン・スピンクスを田舎の町民体育館に連れて行ったからね（笑）。

「猪木さんと上田馬之助さんは結局ふたりとも釘板には落ちなかったんですけど、ボクは『絶対に落ちるべきだ』と思っていた」（大仁田）

ガンツ　そしてレオン・スピンクスがザ・シークと闘ってたりするんですから、奇跡的なものを目撃してましたよね（笑）。

玉袋　また当時、新日本からはジャパンプロレスができたり、UWFができたりしたけど、全日本の中から誰かが独立するなんて考えられなかったじゃない。だってジャンボ鶴田さんは「全日本プロレスに就職します」って言って入ったくらいだからさ。そこで大仁田さんが団体を立ち上げるっていうのがインパクトありましたよ。のちに天龍さんがSWSに行ったのとはまた違った驚きでね。

大仁田　まあ、SWSにはカネがありましたからね。ボクはカネがなかったですから。

ガンツ　FMWは「5万円で旗揚げ伝説」がありますけど、本当にお金がなかったんですか？

大仁田　あるわけがないじゃないですか。その日暮らしみたいなものだったから。リングだって鉄工屋のオヤジに頭を下げて「おまえ、カネがあるのか？」って言うから「いや、ありません」って言って、頼み込んで安く作ってもらって分割払いだもん。

ガンツ　そんなお金のない大仁田さんが、なぜ株式会社フロンティア・マーシャルアーツ・レスリング（FMW）っていう会社を立ち上げられたんだろうと思っていたんですけど、あれは大仁田さんが全日本を引退したあとに立ち上げた事業の休眠会社の名義替えだったんですよね？

大仁田　そうそう。なんでそんなこと知ってるんだよ！（笑）。

ガンツ　下調べしたので（笑）。当時は株式会社を作るにはお金が必要だったじゃないですか。

玉袋　いまは1円からでもできるようになったけど、資本金が必要だったもんな。

大仁田　だから前の会社を残しておいてよかったんだよ。

椎名　元はなんの会社だったんですか？

大仁田　NTTの電話を換えるやつとか、あとはテレカを売ったりとか。

椎名　テレカを売ってたんですか（笑）。

大仁田　結局、うまくいかなかったから休眠会社にしたままだったんだけどね。

ガンツ　あと初期FMWの伝説で、旗揚げ戦のチケット代を当時はチケットぴあとかではなく、事務所に現金書留を送らせてきての通信販売だったから助かったというのがありましたよね。

大仁田　そう。現金書留だったんですよ。後楽園ホールとかはすぐに使用料を払わなきゃいけないから、あれで助かったんです。

玉袋　そんな自転車操業だったんですね。

ガンツ　いまみたいに興行が終わって1カ月後に入金とかだったら、その時点でFMWは続いていなかったという。

大仁田　あのファンが送ってくれた現金書留がなかったら、いまの俺はいませんよ。またプロレスファンはやさしくて、現金書留にお金だけじゃなくて「がんばってください」とか手紙を入れてくれる人もたくさんいてね。あれは泣きましたよ。

椎名　涙のカリスマはそこからもう始まっていたんですね。

玉袋　そして旗揚げからは快進撃だもんな。

大仁田　最初は青柳さんとの試合から始まったから、格闘技路線で行こうと思ってたんですよ。

ガンツ　3回目の後楽園大会が、たしか異種格闘技トーナメントでしたよね。あれが怪しくて最高でした（笑）。

玉袋　リー・ガクスーとマネージャーの〝おやじ〟とか出てきてな。あれは最高だよ。

大仁田　でも、あのへんから格闘技路線は限界を感じていたんですよ。「あっ、違うな」と思って。「俺は道場主でもないし、これ以上格闘家ばかり集められない。これは早めに方向転換しないとダメになってしまう」と思ってね。そうして考えたのがデスマッチ路線だったんです。

ガンツ　その次の後楽園で、大仁田さんと異種格闘技トーナメントで優勝した栗栖（正伸）さんで有刺鉄線バリケードマットデスマッチをやったんですよね。

椎名　あれ、栗栖が優勝したんだっけ？

ガンツ　そうです。異種格闘技をイス攻撃で勝ち上がって優勝という（笑）。そこから「イス大王」の異名が付いたんですよ。

椎名　そっからなんだ（笑）。

大仁田　栗栖さんと場外に有刺鉄線ボードを敷いてデスマッチをやったのは、昔、猪木さんと上田馬之助さんがネイル（釘板）デスマッチをやったじゃないですか？　それで結局ふたりとも釘板には落ちなかったんですけど、ボクは「絶対に落ちるべきだ」と思っていたんですよ。それで栗栖さんと有刺鉄線ボードをやって落ちたら大ウケしたんです。そのとき、「やっぱりデスマッチでいくべきだ」と思ったんです。

「ターザン山本とは犬猿の仲になるわけですよ。アイツを殴ってやろうと思って週プロの編集部に何回行ったことか」（大仁田）

玉袋　猪木vs上田に対して、「落ちるか落ちないかのスリルがいいんであって、落ちちゃったら終わりだろ」っていう意見があったと思うんですけど、大仁田さんはあそこでちゃんと落ちるっていうのがインパクトありましたよ。

椎名 当時は「落ちそうで落ちないからいい」っていうほうに常識がありましたもんね。

大仁田 否定する人間もいれば肯定する人間もいる、意見が分かれるのはしょうがないし、いいんですよ。でも否定されるにしても肯定されるにしても、話題になればチケットは売れますから。

玉袋 そこが大仁田さんのたくましさであり、したたかさですよね。でもＦＭＷがもともとは「格闘技団体」を標榜していたっていうのがいいよ（笑）。

ガンツ 「フロンティア・マーシャルアーツ・レスリング」という団体の正式名称がその名残ですよね。

大仁田 あの団体名は、竹内宏介さんがつけてくれたんですよ。

玉袋 へえー、竹内さんだったんだ。

ガンツ そして団体ロゴマークはシャーク土屋さんですよね。

大仁田 よく知ってるな（笑）。あれは土屋が描いたんです。

玉袋 あのファイティングポーズのシルエットのやつ？

大仁田 そう。初期のやつはそうなんですよ。

ガンツ 土屋さんは美術学校に通っていて事務の手伝いで出入りしていたのが、ロゴマークを描いたことがきっかけで「じゃあ、プロレスもやる？」って誘われてプロレスラーになったという（笑）。

椎名 そうだったんだ（笑）。

ガンツ もともと土屋さんは全女に入りたかったけど、オーディションに受からず入れなかったんですよね。それでもプロレスに関わりたくて、旗揚げ当時のＦＭＷに出入りしていたという。

大仁田 当時入ってきたのは、ほかの団体を落ちた人間ばかりだよ。工藤めぐみだって、コンバット豊田だって、新人のうちに全女を辞めた人間ですから。

玉袋 崖っぷちの人間が集まったわけですね。

ガンツ 工藤さんなんか、それがあれだけのスターになるわけですからね。

大仁田 ウチの女子選手が育ってきたとき、全女と対抗戦やりたいなと思って、（経営者一族の）松永兄弟と話をしたんですよ。そのときにボクが「女子のオールスター戦をやりましょう」って言ったんだけど、アイツらはそれをパクったんだよ。そういうことをするから早死にするんだよ（笑）。自分たちがオイシイところを全部持っていって。

ガンツ 女子の対抗戦って、ＦＭＷと全女が最初ですもんね。

大仁田 そう。（1992年9月19日の）横浜スタジアムでブル中野と北斗晶を組ませて、ウチの工藤と豊田をやらせたんだよ。そうしたら週プロのターザン山本がそれを表紙に持っていきやがって。

ガンツ　メインイベントは大仁田厚vsタイガー・ジェット・シンなのに、表紙はブル様だったんですよね。そして大仁田さんは自分の出番の前に、ブル＆北斗にさんざんマイクアピールをやられて怒ったという（笑）。

玉袋　「先にしゃべるな！」と（笑）。

ガンツ　あの頃のFMWでは「マイクアピールができるのはメインの大仁田さんだけ」っていう不文律があったのが、あの横浜スタジアムでは中盤のブル＆北斗がマイクから何から全部持っていっちゃったという。

大仁田　それをわざわざ表紙に持っていくから山本とは犬猿の仲になるわけですよ。それ以外にも、アイツを殴ってやろうと思って週プロの編集部に何回行ったか。

玉袋　テロ行為に及ぼうとしていましたか（笑）。

大仁田　でもさ、アイツは俺が行くといつもいないんだよ。察知して逃げたのか、居留守を使ったのか。

椎名　そこもまたさすがだね、ターザンも（笑）。

玉袋　サティアンの奥地に隠れていたんだろうな（笑）。

「週プロは新日とかいろんなところに取材拒否されたけど、週プロのほうが逆取材拒否をしたのは大仁田さんだけだな（笑）」（玉袋）

ガンツ　大仁田さんがブルーザー・ブロディ刺殺犯のホセ・ゴンザレスを呼ぼうとしたとき、週プロに「FMWがもしホセ・ゴンザレスを呼んだら、今後いっさい週プロに載せない」って書かれたんですよね（笑）。

大仁田　あのとき、こっちはわざわざプエルトリコまで行って、松葉杖をついてニューヨーク経由でヘトヘトになって帰ってきたのに、雑誌を見たらあんなことを書かれてるんだからな。

玉袋　営業妨害だよ（笑）。

椎名　脅しですね（笑）。

大仁田　結局、俺もモラル的にどうかと思って呼ぶのはやめたんだけどさ。批判はいいけど、「掲載しない」っていうのはねえだろ。

玉袋　週プロは新日とかいろんなところに取材拒否されたけど、逆取材拒否は大仁田さんだけだな（笑）。

大仁田　だけど松葉杖をついて帰ってきたとき、ニューヨークの空港なんかだと全部優先で通してくれるんだよな。ハンディキャップに対してアメリカは全然進んでるんですよ。

椎名　車イスとかかならず優先ですもんね。

大仁田　あんなふうにやさしくされたのはちょっとうれしかったよ。俺が若い頃、アメリカ修行に行ったときなんか、「ジャップ！」って言われてモノを投げられたり、いろんな嫌がらせをされたからさ。

ガンツ　大仁田さんは反日感情がいちばんヤバいとされてい

たテネシーに行ってたんですよね。

大仁田　俺は試合中に場外に落とされたとき、最前列に座っていた女性にハイヒールで顔面を蹴られたからね。血がドバーッと出てさ。でもこっちはやり返せないから。

椎名　テネシーっていうとジェリー・ローラーのところですか？

大仁田　そう。渕（正信）さんと組んで、ジェリー・ローラーとビル・ダンディーのチームと抗争してね。AWA世界タッグも獲って、俺と渕さんがワールドランキング3位に入ったんだよ。あれも適当だよな（笑）。

ガンツ　向こうの『レスリング・レビュー』誌かなんかに載った、タッグチームのランキング上位だったんですよね。

玉袋　相当売れたってことじゃないですか。

大仁田　あの当時、1試合1000ドルなんてなかなかもらえなかったけど、テネシーではもらえたからね。ひどいところだと20ドル、30ドルでやっているレスラーもいたんだから。

ガンツ　しかも1ドルがまだ200円以上の時代ですよね？

大仁田　1ドルが250円ですよ。

ガンツ　だから1試合で約25万円。

玉袋　それはデカい！

大仁田　だってさ、10ドルちょっと出したらステーキのコースが食べられた時代だもんね。

玉袋　そのとき、全日から給料は振り込まれないんですか？

大仁田　ないない。あとの世代は知らないけど、俺らのときは何もないですよ。

玉袋　自分で稼げってことか。カブキさんとかもみんなそうだったんだろうな。

大仁田　カブキさんは稼いでましたよ。向こうで人気がありましたもん。俺らがフロリダに行ったとき、ペイントする前のカブキさんが凄い人気でしたよ。

ガンツ　その一方で、伊藤正男さんとか海外に出されたまま帰ってこない人もいますよね。

大仁田　伊藤正男さんっていまどうしてるの？

ガンツ　誰に聞いても知らなくて、アメリカからカナダに行ったんじゃないかって話なんですけどね。

大仁田　自分らが新弟子のとき、桜田（一男）さん、（ロッキー）羽田さん、伊藤正男さんっていう3人の大相撲出身レスラーが日プロから来たんですよ。

「雁之助がまたいまになってYouTubeで『これが真実だ』みたいなことを言い出してさ、何がしたいんだよ」（大仁田）

ガンツ　大仁田さんは15、16歳でこの世界に入って、上には旧・日プロ勢の大先輩がたくさんいるという凄い状況だったんですよね(笑)。

玉袋 グレート小鹿、大熊元司の極道コンビとかね。

椎名 先輩が極道ですからね(笑)。

大仁田 意外と小鹿さんはそんなにいじめなかったんですよ。桜田さんがいちばんいじめてたな。だから早死にするんだよ(笑)。

ガンツ だけど、そのいじめていた人を大仁田さんはFMWで使ったわけですよね。それが桜田さんが日本マットに定着するきっかけになって。

大仁田 本当だよ。

ガンツ 大仁田さんがFMWでよみがえらせた人ってたくさんいますよね。栗栖さんもそうですし、そもそもターザン後藤さんだってそうですし。

大仁田 後藤選手なんて、FMWに来る前はもうプロレスはやっていなくて、アメリカでステーキを焼いてたんだよ。

玉袋 全日本に半ば捨てられたような後藤さんを、大仁田さんがプロレスラーとして日本に呼び戻したわけですよね。

大仁田 だから後藤選手がFMWを辞めたのは、俺がクビにしたみたいに勘違いしている人がいるかもしれないけど、あれは違うんだよ。

ガンツ 最近、ミスター雁之助さんがYouTubeを始めて、「あのときの真実をお話しします」ってやっていましたよね。雁之助さん曰く、「大仁田さんが全選手を集めて『俺が引退したら、後藤を排除していく』ということを言って、その内容を雁之助さんが後藤さんに伝えたことで電撃的にFMWを退団した」ということでしたけど。

大仁田 それは違うんだよ。俺が辞めるとき、まず荒井(昌一)さんに社長を譲って。これからは世代交代してハヤブサたちがトップでやっていかなきゃいけないわけだから、選手全員に対して「ちゃんと後藤にも意見を言えるようにしておかなきゃダメだよ」っていうことを言ったんですよ。そうしたら雁之助や(フライングキッド)市原が適当なことを言って、俺が後藤を外そうとしていたみたいな話になってて。外すわけないじゃん。

ガンツ 「若い選手が中心でやっていかなきゃダメだぞ」ってことを言いたかっただけで、後藤さんを排除しようとしていたわけじゃないと。

大仁田 俺が後藤を切るわけがないじゃないですか。後藤はFMWの株主のひとりでもあったし。だからあれは雁之助と市原がよけいなことを後藤に言っちゃったわけですよ。しかも俺の真意と違うことをね。俺が言ったのは「後藤にちゃんと意見を言えないとダメだからな」ってことです。俺が次期エースにしようと思ったのがハヤブサだったのに、後藤はそのハヤブサを最初から潰すって言うわけですよ。「俺が壁になる」みたいな感じで。でも「それはダメだよ」って。ちゃんとエースになる人間はエースとして扱わなきゃ、ファンだってそう思わない。そういうところでちょっと考え方が違ったんですね。

ガンツ　たしかに後藤さんがトップに君臨して「俺を倒してみろ」みたいな展開になったら、世代交代が全然進まなさそうですよね（笑）。

玉袋　後藤さんも自分がエースでいけると思ったのかな？

椎名　〝鬼〟がエースって、凄い団体ですよね（笑）。

大仁田　あのときは本当にまいったよ。川崎球場で試合が決まっていたのに急に出て行っちゃって。

ガンツ　あれ、引退試合の1週間前とかですよね。

大仁田　そうそう。あれはひどかったよな。そういう経緯があったから、ハッキリ言って雁之助と市原は（FMWに）戻したくなかったんだよ。だけど帰ってきたいって言う者がいたら使わなきゃしょうがないじゃないですか。長州を新日本に戻した猪木さんもそうだけど、それぐらいの度量がないとダメだと思っていたし。

ガンツ　雁之助さんと市原さんは後藤さんと一緒に離脱したあと、1997年にFMWに戻ってきているんですよね。

大仁田　彼らがやったことはハッキリ言って裏切りだけど、俺はべつにその後、その件について何も言わなかったし。雁之助だって、もういまは介護の世界で生きているんだから、そっちでがんばれよって思うんだけど。いまになってまたYouTubeで「これが真実だ」みたいなことを言い出して、何がしたいんだよって。だいたいFMWを辞めた人間が、いまになって勝手にFMWのTシャツを売るなよって話じゃないですか。

ガンツ　えっ、ミスター雁之助さんがFMWのTシャツを販売しているんですか？

大仁田　こないだ、会場にFMWのTシャツを着ているファンがいたから聞いてみたら、「これ、雁之助さんが作って売っていたのを買ったんです」って言うんだよ。

「大仁田さんが抜けたあとのFMWがいくらいろんな仕掛けをしても『大仁田厚、新日本に殴り込み』以上のインパクトには絶対にならないもん」（椎名）

椎名　勝手に復刻してましたか（笑）。

大仁田　ウチのマネージャーも「雁之助さんがFMWのTシャツをネット販売してますよ」とか言って。「おまえ、真面目に介護の仕事をしてるのかと思ったら、勝手にTシャツ売ってるのかよ？」と思ってね。

玉袋　それは目が点ですね（笑）。

大仁田　FMWっていうのは、どう考えたって俺が作ったんだよ？

椎名　どう考えてもそうですよ（笑）。

大仁田　こんなことならFMWに戻すんじゃなかったよ。でもまあ、人の悪口とかを言うヤツって、しょせんはダメになっていくから。

ガンツ　大仁田さんは雁之助さんと市原さんも戻しましたけど、大仁田さんがFMWで復帰したら「戻ってこないでください」ってみんなに言われたんですよね（笑）。

大仁田　いや、「戻ってこないでください」どころじゃないよ。荒井社長が選手を若手まで全員揃えて「辞めてください」って言うんだから。「ちょっと待てよ。辞めるも何も、俺が作った団体じゃねえか」って。猪木さんもその後、新日本を追い出されたけど、自分が作った団体を追い出されるのは俺のほうが早かったな（笑）。

玉袋　でも大仁田さんは、そっから新日本に単身乗り込んで行って、第2の全盛期を迎えるから凄い。

大仁田　結局は太陽と月じゃないけどさ、こっちにも意地があるから光ってやろうとすると、向こうが沈むんですよ。これって原理なんですよ。

椎名　大仁田さんが抜けたあとのFMWがいくらいろんな仕掛けをしても、「大仁田厚、新日本に殴り込み」以上のインパクトには絶対にならないですもんね。

玉袋　それで大仁田さんが登場することで、新日本のドームのチケットも売れたわけだから、新日本にも貢献しているんだよね。

大仁田　だけど新日はそれを第0試合にしたりするんだよ。

ガンツ　商売に利用はするけど、試合としては認めない（笑）。

大仁田　でも、なんだかんだでプロレス雑誌の表紙やスポーツ新聞の一面を取ったのは俺だったんですよ。

ガンツ　ドームで大仁田さんが蝶野（正洋）さんと電流爆破をやったじゃないですか。あのとき、『ワイルドシング』が大音量で流れる中、ゴミが飛び交う花道を大仁田さんがタバコを吸いながら入場してきて。ジョン・モクスリーは、あの入場シーンがあまりにもカッコいいって感動して、いま自分の入場テーマ曲に『ワイルドシング』を使っているんですよね。

大仁田　そうなんだよな。でも、あのときひどいんだよ。新日本の会場はモノを投げた客は強制的に退場になるはずなのに、俺のときだけ投げてもおとがめなしなんだから（笑）。

ガンツ　あと、ドーム内でタバコを吸ったのも問題になったんですよね。

玉袋　消防法だ。

大仁田　いや、タバコは最初にやった佐々木健介戦のときに問題になったんですよ。たまたまポケットに1本タバコが残っていたんで、試合前に吸いたいなと思って吸いながら入場したら大問題になったみたいで。試合後、新日の営業が飛んできて「大変です！　事件です！」とか言ってさ。

玉袋　タバコ1本でね（笑）。

大仁田　新日の誰かが始末書かなんか書いたんだろうけど、そのかわり伝説になったから。キース・リチャーズと大仁田厚しか東京ドームではタバコを吸ってないんだよ。

玉袋　ロックンローラーだよ～（笑）。

ガンツ　でも、あのときの蝶野正洋戦が、20年後のケニー・オメガvsジョン・モクスリーの電流爆破マッチにつながり、さらに大仁田さんがアメリカに本家・電流爆破を持っていくという流れになったわけですよね。

大仁田　だから今度アメリカに行って成功したら、俺はAEWに挑戦状を叩きつけようかなと思っているんだよ。俺のマネをしているモクスリーと電流爆破をやってやろうかなって。

ガンツ　素晴らしいですねー（笑）。

玉袋　やっぱ大仁田さんはヒキが違うよな。

大仁田　アメリカで大成功したらおもしろいじゃないですか。いまはあまり使われていない球場って全米各地にあるだろうから、そこを電流爆破のツアーで回って行ってもいいし。

椎名　電流爆破の全米スタジアムツアー！　カッコいい！（笑）。

ガンツ　テーマ曲が『ワイルドシング』だから、アメリカの球場にピッタリですよね。

大仁田　向こうは日本と違ってパイがデカいから、そういうニーズもあると思うんですよ。AEWなんかも1回のPPVで4～5億稼ぐわけだから。

玉袋　すげえな～。コロナ禍で夢があるよ！

大仁田　まあ、どこまでやれるか。無の境地じゃないけど、やれるところまでやってみようと思っていますよ。

玉袋　60歳を超えてこのエネルギー、感心しちゃうよ！

ガンツ　還暦を過ぎてからの全米本格進出ですからね（笑）。

玉袋　いま、アメリカは「オータニ」が二刀流で人気だけど、野球のシーズンが終わったら、話題は「オーニタ」だな！

大仁田　そういうことを言うと「一緒にするな！」って叩かれるだろうけど、叩かれてなんぼ、話題になってなんぼだから。つっこみどころがあったほうがいいんですよ（笑）。

玉袋　いや～、大仁田さんの姿勢は芸人も見習わなきゃいけない。これからの活躍を期待していますよ。アメリカを爆破しちゃってください！（笑）。

KISS

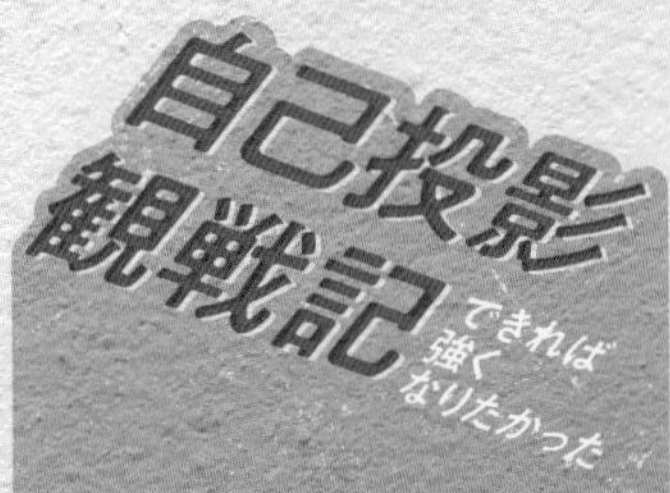

第115回

「秋山成勲の謝罪動画を観て」

椎名基樹

椎名基樹（しいな・もとき）1968年4月11日生まれ。放送作家。コラムニスト。

「猛暑」とばかり騒がれがちだけど、ここ2、3年はやたらと秋の訪れが早い日本の夏だったように思う。例年、夏は突然に終わってしまう。今年もお盆のいちばん暑い時期の長雨で、体力を削られた高気圧は、元気を回復することなく、真夏の半分は失われてしまった。

9月に入ってからは初日から雨が降り続き、夜は寒いくらいになって、あわてて羽毛布団を押し入れから取り出した。「Ｓｕｍｍｅｒ ｉｓ Ｂａｃｋ」を期待して、実際そういう予報も出ていたので、信じていたのだが、いま、あいかわらず降り続く9月半ばの雨の中でこれを書いている。これはもう熱めのお茶だ。意味深なシャワーだ。

清原和博のＹｏｕＴｕｂｅチャンネルに、秋山成勲が登場して、15年前の桜庭戦のいわゆる「ヌルヌル事件」を謝罪した。事件の顛末について、いまさら本誌の読者に説明は要らないだろう。まずあの事件から15年も経っていたことに驚いた。

そしてあらためて試合を振り返ってみると、一般人の目に見えるほどの、熾烈な足の引っ張り合いをしたライバル団体のエース同士の闘いであり、これ以上ヒリヒリするカードもなかったと思う。またそれが80キロ以上ある選手の対決であることに、当時の日本の格闘技界の充実ぶりがわかる。

そしてこの試合がもう二度と訪れることがない、暑かった日本の総合格闘技の夏を突如終わらせる、いくつかの台風のひとつであったことにあらためて気がつく。

秋山成勲は心から謝罪をしているように見えた。しかしどこか腑に落ちない。「なぜ、いまさら？」と思う。15年も経って謝られたって、素直に受け取ることができるだろうか？

格闘技ファンの目線から見た場合、今回の謝罪に対して「おまえがこのネタ使うのかよ？」と突っ込まずにはいられない。視聴回数を露骨に競い合うＹｏｕＴｕｂｅの中でこれをされたら興醒めする。清原と秋山は、よく言えば純粋に、ただただ無邪気に「男らしく非を認めること」に酔っているように見える。ただ制作側は反響や、数字的な結果を十分に予想して番組を制作しているはずだ。

同じ時期に竹原慎二が自身のＹｏｕＴｕｂｅチャンネルで、清原のチャンネルを制作するマッコイ斎藤から、収益が上がらないからという理由で戦力外通告を受け、番組制作をしてもらえなくなったと報告しているのを見ると、当然なことではあるが制作陣は非常にシビアな姿勢で、ＹｏｕＴｕｂｅチャンネル作りに取り組んでいるようだ。秋山の謝罪は、まさにＹｏｕＴｕｂｅ向きの「ネタ」に思える。

謝罪動画のテロップのセリフや音楽の演

出は、クサイほどベタベタで、感動を押しつけているように感じた。まるで「仕事の流儀」のパロディのようだ。「人間、間違いは誰でもする」「それを隠すか正直に話すかで生き方が変わると私たちは思う」。というテロップを見て、謝るほうが言うことか！「私たち」って誰だよ！ と思わず突っ込んだ。秋山成勲個人の謝罪に、第三者が弁護の言葉を、それをいちばん大事な配信の最後に入れるのには違和感を覚えた。

そもそも秋山は15年前の自分のあやまち、つまりグラップリングできないように身体中にクリームを塗ったことを認めたと言うが、「もしかしたら反則かもしれないということが頭の隅にあったのは事実です」というのが認めたことになるのだろうか？

秋山は「一歩前に進むために」今回の告白に踏み切ったと言う。しかし、その目的が桜庭和志にとってなんの関係があるのだろう。自分の罪悪感を軽くしたいと言っているだけだ。清原や秋山がしきりに口にしていた「男らしい」態度とは、罪悪感を引き受けて黙っておくことだと思う。

それにしても清原と秋山の無邪気さばかりが目についた。彼らのもっとも大切な価値観は「男らしい」ことのようだ。アラフィフの男ふたりが「男らしい」だとか「男として」だとか、古い漫画のような価値観を恥ずかしげもなく話す姿は異常に感じた。

「潔く非を認めたほうが、いまの世の中ではカッコいい」と清原は言った。カッコつけるために謝罪したのだろうか？ そんなに男らしいことが大切ならば、人前で何度もメソメソ泣くなと清原には言いたい。秋山はさすが現役格闘家だけあって、涙を見せることはなかったけれど。

私は桜庭の一件だけで、秋山成勲をまったく認めないなんて思わない。たとえばデニス・カーン戦だけで、凄い選手だと思っている。だからキャリアに自分の言葉でミソをつけるような真似をしてほしくないと思う。

桜庭vs秋山戦後、1年余りでPRIDEは崩壊し、日本の総合格闘技の夏は突然終わってしまった。もともとは各テレビ局が、格闘技の番組放送をやりたがったために、熾烈な縄張り争いをしたことが格闘技崩壊の原因だったと思う。桜庭vs秋山戦の事件も、そうした背景が影響した可能性は、少なからずあったと思う。

日本の総合格闘技プロモーションに取って代わったのは、シンガポールのONEだ。ドメスティックな日本のビッグプロモーションとは真逆の、インターナショナルな精神を持った団体だと感じる。アジアのさまざまな国や人種の人間が集まっていて、文化人類学的な興味すら覚える。

先日の大会では、40代のムエタイ選手と20代のチベット人ファイターが闘っていた。チベットにも総合格闘技が根づいていることに驚いた。チベット人ってこんな感じなのか。顔つきや髪型にまで興味が湧く。

女子アトム級トーナメントに注目の平田樹が出場した。薄氷の勝利であったが、なんとか1回戦を突破してよかった。柔道出身の彼女であるが、タトゥー入りのそのルックス、勝利のあとのタコ踊りなど非常に個性的でチャーミングであり、柔道のお堅いイメージからは遠い。

柔道家らしからぬという点では、秋山成勲と共通する。日本の総合格闘技界の人材は、やはり柔道界がいちばんの供給源になるだろう。秋山成勲がこれから先引退後、素晴らしい選手を育てれば、桜庭の事件は消えないまでも、評価する人間は多くなるだろうし、そういうことでしか汚名を返上できないと思う。

KAMINOGE
NIAGARA DRIVER

井上京子

［ワールド女子プロレス・ディアナ］

収録日：2021年9月13日
撮影：タイコウクニヨシ　試合写真：平工幸雄
聞き手：堀江ガンツ

いまだコロナの後遺症に
苦しむ天才レスラーよ、
ディアナ10周年イヤーを駆け抜けろ!!

「みんないろいろ違いすぎていて“女子プロレス”っていうひとつの言葉じゃもう言えない。それぞれ違う競技のような気がするんですよ。ウチはこれからもストロングスタイルで、本当に強い者が練習して、リングに上がれる資格がある者が本物のプロレスをやっていきます」

2500円

「まさか自分が。退院してからもう1カ月近く経っているんですけど、いまも呼吸が苦しいんです」

――ワールド女子プロレス・ディアナも旗揚げして早10周年なんですね。

京子　ねえ。10周年になりました。今度の10・10後楽園ホールが10周年記念第二弾興行なんですよ。振り返るといろいろ大変だったけど、私は昔あった嫌なことは忘れるタイプなので。最初に言っておきますけど、けっこう忘れていることが多かったりするのでお願いしますね（笑）。

――もちろん大丈夫です（笑）。ディアナが10周年を迎える中で、この夏、京子さんはコロナで大変だったんじゃないですか？

京子　コロナは凄く大変で、いまも後遺症がひどいんですよ。じつはツイッターではあまり書かなかったんですけど、自宅療養中にパルスオキシメーターってやつで毎日酸素飽和濃度を測っていたら90を切っちゃって。「これは大変だ」と思って、初めて自分で救急車を呼んだんです。

――それ、かなりヤバい数値ですよね？

京子　ヤバかったの。そうしたら救急車に乗ったものの1時間くらい受け入れ先の病院が見つからなくて、そのまま荷物を持って一度家に帰ってきたんですね。それで次の日に連絡が来て「受け入れ先の病院が見つかりました」ってことで行かせてもらったので。

――いま問題になっている医療のひっ迫が、まさに京子さんにも影響を与えていたと。

京子　私は数値が90を切ったら危ないっていうのも知らなくて、LINEでやりとりをしていたら「それは病院に行かなきゃダメ！」って言われて、それで焦って救急車を呼んだんですよ。ただ、入院したときよりも退院したときのほうが呼吸が苦しいの。

――そうなんですか？

京子　退院したのは8月中旬なので、もう1カ月近く経っているじゃないですか。きのう復帰戦をやったんですけど、いまも呼吸が苦しいんです。

――相当、肺にダメージがあったんでしょうね。

京子　そうですね。コロナの症状だと、よく味覚障害とかがあるって言われているじゃないですか？　私は味覚は全然大丈夫で、熱もまったく出なかったんですよ。ただ、肺がけっこうやられていたみたいで。これはキツいですね。だからみなさんも本当にお気をつけください。

――あらためて甘く見ちゃいけないって思いますね。

京子　私自身、「コロナに罹るわけないよ」って思っていたところがあったんですよ。ずっと気をつけていたし、頻繁に手を洗って、帰宅したらすぐにシャワーを浴びるっていうことをやっていたのに「まさか自分が」って感じで。この病気の大変さはなったらわかりますね。もう本当にみなさん、これだけはお気をつけください。

——罹ったときは体調の変化でわかったんですか？

京子　わかっていなかったの。だから検査に行ってよかったんですけど。

——そうだったんですね。

京子　休めない仕事をしている人と会わなきゃいけない機会があって、もし私がウイルスを持っていてその人に移してしまったら大変だなと思ったので、会う前にいちおう検査を受けてみたんですよ。そうしたら「陽性」だったんです。

——まさかの陽性。

京子　その夜から「あれ？　ちょっと体調が悪いかも……」みたいな感じだったんで。熱が出ないのは逆に気づきにくくてヤバいですね。

——そして、しばらく自宅療養したのちに酸素飽和濃度が低下して入院と。

京子　そうですね。

「旗揚げしてすぐに選手が大量に抜けちゃったりして、本当にツラいことばかりだったなって思うんですよ」

——いま、プロレス界でもコロナの陽性者が凄く増えていますよね。

京子　多いですね。私はきのう復帰戦をしたんですけど、もちろんみんな抗原検査をちゃんとやって試合して。いまはそれがないと怖いですもんね。だから、どうしても検査で陽性が出てしまったら欠場せざるをえないので、当日になってのカード変更などがあることをご了承ください、という感じで。

——相撲界もそうですけど、場所前、試合前にちゃんと検査をしているからこそ、陽性者が出るわけですもんね。

京子　そうしないとあんなに肌と肌をぶつけ合いながら、ワーッと言えないしね。でも、いまはお客さんも会場に来ても手拍子しかできないから、なんか申し訳ない。やっぱりプロレスってみんなで盛り上がってこそだし、観ているほうも声を出したいだろうし、やっているほうも凄くさびしい。

——この状況が1年半以上続いているんで、ちょっと慣れましたけど、やはり2〜3年前の試合映像を観ると「昔はこんなに盛り上がってたんだ。やっぱりプロレス会場はこうじゃなきゃな」って思いますよね。

京子　選手も声援が励みになって「もっといい試合をしてやろう」って思いますからね。
――早くそういう状況に戻ってほしいんですけどね。
京子　うん。まだちょっと時間はかかりそうだけど、本当に死んじゃったら終わりなので。生きていたら絶対またみんなでプロレスを観て盛り上がれる日がくるので、我慢しながらがんばりましょう！
――ディアナは10周年をコロナ禍という大変な中で迎えたわけですけど、じつは旗揚げ戦も東日本大震災の影響をモロに受けているんですよね。
京子　あっ、そうだった！　凄いタイミングで旗揚げしたよね。
――当初は2011年の3月21日に旗揚げするはずが、震災の直後ということで延期を余儀なくされて。
京子　そうでした。10年に1回、何かが起こるんですね。たしかあのときは震災の影響でディファ有明が使えなくなって、3月21日から4月17日に延期になったんですよ。
――ここ1〜2年もコロナの影響で中止や延期になった大会が多いですけど、興行をやるにしても、いまは客数の制限があるから主催者としては大変ですよね。
京子　そうなの。前回、後楽園でやらせてもらったときも、ソーシャルディスタンスっていうことで半分しか入れられないじゃないですか。だからどうしようかと思ったんですけど、やらせてもらったら上限いっぱいまで入ってもらって、ありがたかったですね。隣の席がかならず空くのでお客さんも観やすかっただろうし（笑）。
――あの快適さはいいんですけどね（笑）。
京子　でもリング上から客席を見ると、「あー、ちょっとさびしい……」って感じちゃうんですけどね。今度の10・10後楽園はまだ半分の席ですけど、上限いっぱいまで入れたいと思います。
――いまはこういう時期なので、動員数がその上限半分に届かない興行も多いですけどね。
京子　あっ、そう？　ウチはほら、後楽園は年に1、2回なので、ここを入れないと大変なことになるので（笑）。
――力の入れ方も違うと（笑）。
京子　いま、LLPWさんなんかは「コロナ中は試合をしない」って決めているみたいなんですけど、「ディアナさんとの付き合いなので」ということで、神取（忍）さんや（井上）貴子も出てくれたりしますしね。
――みんな「京子さんのためなら」ってことなんでしょうね。あらためて10年間やってこれた秘訣はなんでしょうか？
京子　本当にツラいことばかりだったなって思うんですよ。旗揚げしてすぐに選手が大量に抜けちゃったりして。ディアナはネオ・レディースという団体を経てできたんですけど、私も団体経営に関してはわからないことだらけだったので。

――初めて社長レスラーになったわけですもんね。

京子　旗揚げするとき、いろんな企業の社長さんに挨拶回りをして、「これから旗揚げしますので、よろしくお願いします！」って言ったとき、99パーセントの人が反対しましたからね。「いま、このご時世でプロレスなんか絶対に無理だし、やめたほうがいい」って。

――女子プロレスも冬の時代でしたしね。

京子　「やっても借金を作るだけだぞ」って言われたんですけど、10人中9人が反対しても、ひとりでも「がんばれ！」って言ってくれる人がいるなら「よし、がんばろう！」っていう気持ちになれて旗揚げしたんですよ。でも、いざ始めてみると想像以上に大変でした。もう昔とは時代が違ったんで。

「いまは小さいコでもレスラーになれたりとか時代が全然変わりましたよね。ウチの練習生も小6のコから49歳くらいの人までいる」

――90年代くらいまでとは、あらゆる状況が違いますよね。

京子　私が全女に入ったときは３６００人くらいの応募があって、そこからオーディションで10人くらい選ばれて、さらにプロテストに合格した人だけがデビューできたじゃないですか。それがいまは入門希望者が年間にひとり、ふたりという感じで。だからオーディションなんかなくて、「なりたい」っていう人はほぼほぼ採るんですよ。

――どんな人でもとりあえず採って、なんとか育てあげると。

京子　体格だって、私のときは身長１６０センチ・体重60キロ以上は最初からなきゃダメだったんですけど、いまは小さいコでもレスラーになれたりとか、時代が全然変わりましたよね。あと私が全女を辞めたときはまだ三禁があったけど、ブル中野さんが25歳定年制というものをなくしてからは現役を続けながら結婚する人がいたりとか、子どもがいる人がいたりとか、いろいろと変わってきたじゃないですか。

――よくも悪くも門戸がもの凄く広くなりましたよね。

京子　10年前ですら考えられなかったことが、いまは普通だったりしますからね。中学の制服を着て練習に来ていたＳａｒｅｅｅ（現ＳＡＲＲＡＹ）が、まさかＷＷＥに行ってるとか（笑）。

――そうですよね（笑）。

京子　あのコがディアナの生え抜き第1号で、旗揚げ戦がＳａｒｅｅｅのデビュー戦なので、彼女ももうキャリア10年ですからね。そしていまのディアナはジャガー（横田）さんも子どもがいらっしゃるし、私もいる。佐藤（綾子）さんも3

人いる。じつは練習生も小6のコから49歳くらいの人までいるんですよ。おもしろいじゃないですか（笑）。

——そんなに幅広いんですか！（笑）。

京子　その49歳の練習生は「自分が若い頃、京子さんの試合を観ていたときはもう年齢制限を超えていたので、『プロレスラーになるのは無理だ』と思って一度夢を諦めたんです。でも、いまこの時代になって年齢制限がなくなっていたので、子育ても終わったし、もう一度夢を追いかけてみたいと思います」みたいなことを話してくれたんです。自分の団体ながら「プロレスも変わったなあ」と思って。

——京子さんがいた頃の全女では考えられないですよね。25歳定年制の2倍の年齢の練習生ですから（笑）。

京子　だからいまの女子プロレスって、スターダムみたいな若いコをそろえた華やかなところもあれば、ウチは最年長のジャガーさんが60歳。私もそれを追いかけて52歳ですけど（笑）。

——ジャガーさんの鉄人ぶりも凄いですよね。こないだネットでインタビュー記事を読んだら、「これからの目標はアメリカで試合をしてみたい」とか言っていましたからね。還暦を迎えて海外進出を目標にしているという（笑）。

京子　ジャガーさんはやる気が凄いんですよ。きのうも試合が終わってからさっそく電話がかかってきて、（ジャガーの声マネで）「京子さ、12月31日は試合をするんだよね？」って聞いてきたので、「あっ、まだ決めてないんですけど」って言ったら、「やっぱりさ、年越しと年始めで、プロレスに終わりプロレスで始まらなきゃダメじゃん！」って言われて「はい、わかりました。じゃあ、12月31日に試合をやりましょう」ってことになって。もうみんなが迷惑がってるんですよ（笑）。佐藤さんとかも旦那さんの実家に帰ったりとかしたいじゃないですか。

——家庭を持った選手が多い団体なら、なおさらみんな帰省したいところですよね（笑）。

京子　だけどジャガーさんは東京生まれの東京育ちなので、帰る田舎もないから12月31日に試合がしたいってことで。

——あのスナックの大ママのようなハスキーボイスで言われちゃうと、なかなか断れませんね（笑）。

京子　はい。いま私はジャガーさんの声マネがいちばん似てるって言われてますから（笑）。なのでディアナっておもしろいなと思いますね。

——京子さん自身、女子プロレスの栄枯盛衰をすべて見てきたような感じですよね。

京子　私もプロレス生活33年目で、同期は貴子しかいなくなっちゃったし。

「一般的な生活のことを本当に何も知らなかった。電車も乗れない、バスにも乗れない。手帳なんか持ったことがない」

――京子さんと貴子さんは（昭和）63年組、1988年デビューということは、クラッシュ・ギャルズ時代の最後の頃も知ってるわけですもんね。

京子　そうなんですよ。プロレスの興行だけじゃなくて、歌だけのコンサートで日本青年館を満員にしていたり。そのとき、私は何千枚も売れるクラッシュのポスターを巻き巻きしたりとかしてましたから。横浜アリーナで初めてプロレスが行われたのも長与（千種）さんですもんね。

――あれは1989年ですね。

京子　あのとき、たしか私は売店についていて試合は観られなかったんですよ。同期に長与さんの最後の試合がどうしても観たいコがいて、「長与さんのロープを上げに行きたーい！」とか言ってるんで「じゃあ、いいよ。行ってきな！」って交代して売店についた記憶がありますね。

――その後、ブル様、アジャ様の時代から、団体対抗戦時代を経て、京子さんがいちばんバリバリだった、赤いベルト（WWWA世界シングル王座）を含む三冠王者になったときは、すでに会社は不動産の失敗で傾いていたという。

京子　そうなのよ。上に豊田（真奈美）さんやアジャ（コング）さんがいらっしゃったので私はなかなか赤いベルトが獲れなくて、両国国技館で初めてベルトを獲ったときは超満員ですよ。そのあと白いベルト（オールパシフィック選手権）や、紫のIWAも獲って初めて三冠統一をやらせてもらって、自分の中ではもうやり切ったんですよ。でも、まさか給料があんなに出ていないとは思ってなかったので（笑）。

――ずっと巡業続きで口座の残高も確認していなかったから、貯金があった京子さんは未払いに気づかなかったという（笑）。

京子　そう。給料が出なくて生活ができない若いコに聞いて初めてその事実を知って。そこから「ワーオ！」となって、みんなの生活のためにネオ・レディースを旗揚げしたんですけどね。でもネオ・レディースを旗揚げしたときがいちばん大変だったかもしれない。

――あっ、そうでしたか。

京子　だって一般的な生活のことを本当に何も知らなかったんだもん。電車も乗れない、バスにも乗れない。手帳なんか持ったことがない。「どうするの？」みたいな。それでもいちおう代表ってなっちゃったもんだから、打ち合わせに行かなきゃいけない。

――それまで1年中旅に出る生活を、10代の頃から10年間続けていたわけですもんね。

ディアナ10周年記念大会
10TH ANNIVERSARY DIANA
ジャガー横田
タイガークイーン
井上貴子
優宇
中森華子
西村修
テクラ
AKARI
越中詩郎
神取忍
進垣リナ
笹村あやめ
会場 後楽園ホール
〒112-0004 東京都文京区後楽 1-3-61 後楽園ホールビル 5F
2021年10月10日 日
【開場】10:30【試合開始】11:30
【主催・お問合せ】ワールド女子プロレス・ディアナ(株)
Tel.044-589-3370 contact@www-diana.com
ジェイステージナビ Tel.03-5912-0840
グリーンRS ¥10,000 ホワイト指定A ¥6,800 イエロー指定B ¥4,600 オレンジ指定C ¥3,500
ディアナストア

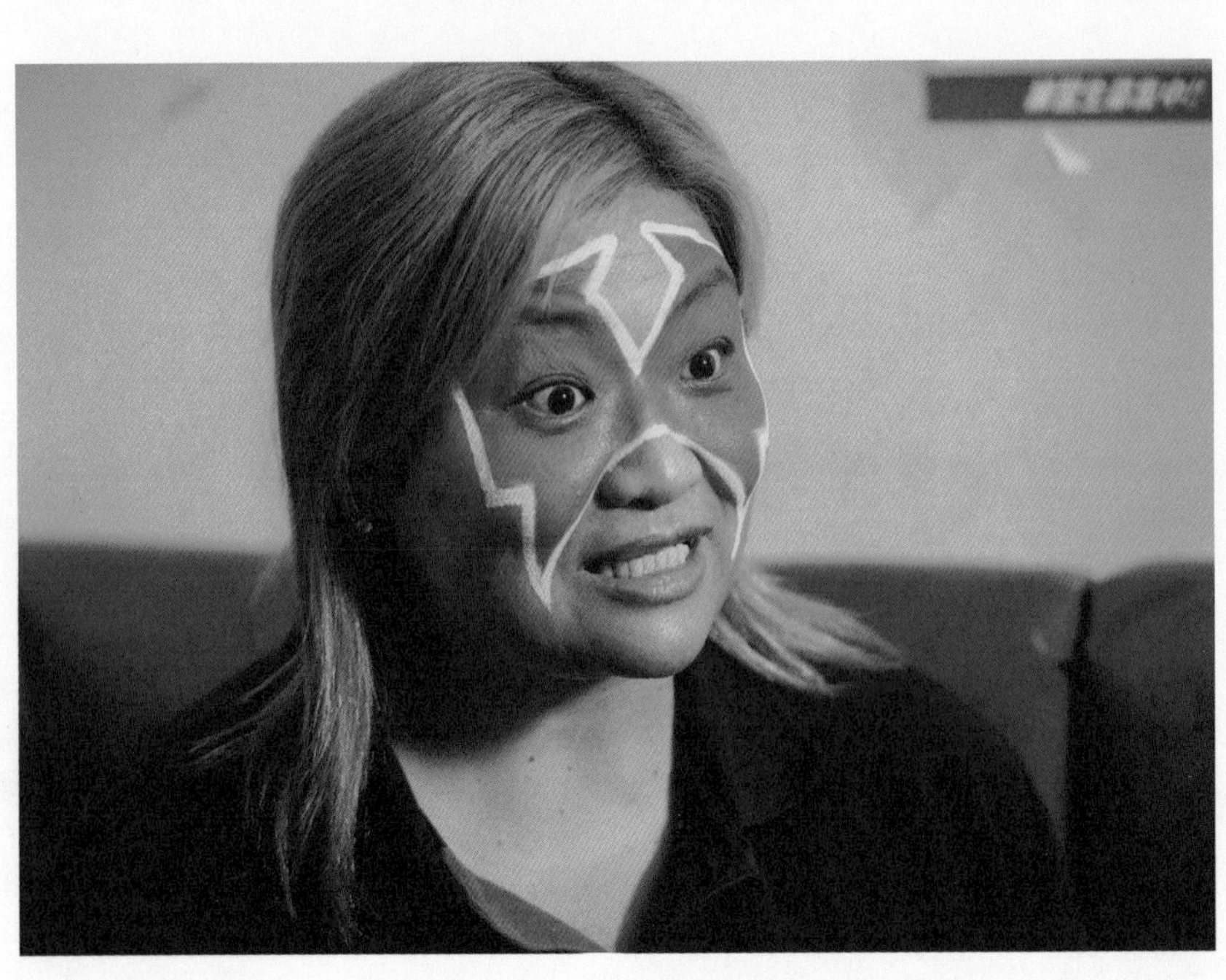

京子　ずっと、いちプレイヤーでしかなかったので、会社の仕組みとかまったくわからなくて。それで中に入ってみたら「あっ、こんなことなんだな」っていうのがいろいろわかって。いまだに思っていますけど経営者にはなるものじゃないなって。誰かが社長をやってくれるなら私はプレイヤーだけに専念したいですよ。

――でもネオ・レディースができるときも、ディアナを旗揚げするときも、京子さんならフリーの大物として全然やっていけたわけじゃないですか。それでもあえて団体を率いようと思ったのはどういった理由からだったんですか?

京子　付いてきてくれる後輩がいましたからね。だからディアナを旗揚げしたとき、私はお金を借りるために実家を担保に入れましたから。

――えー、そうだったんですか。

京子　ウチのママから電話がかかってきて、「ウチが抵当に入ってるって言われたんだけど、なーに?」って言われて「あー、大丈夫、大丈夫」って(笑)。あのときはお金をいっぱい借りなきゃいけなかったので「こうするしかないな」って。いまならできません。あのときは何も知らなかったからできたことで。

――「借りるためにはこうするんでしょ?」みたいな感じで(笑)。

京子　そうそう。「借りられるんなら、いいよ、いいよ」ってサインしちゃって。いやー、本当にこの10年、いろいろ勉強しました。人に騙されたりもしたけど勉強になったし、騙されたことにも気づいてないこともあるだろうから、ある意味で幸せなのかもしれないけど（笑）。いやー、本当にお金って大事ですね。

――経営者になって、それがしみじみとわかったと。

京子　いまも道場を維持するのに毎月50万とかかかるわけですよ。どなたかいいスポンサーいませんかね？（笑）。道場の維持費だけでもなんとかなればと思っているんですけど。あとはもちろん選手へのファイトマネーもありますし、本当にお金は大事だなって思います。

「貴子と『最後にまたW井上をやろうよ』ってことで、いまお揃いのコスチュームを作っているんですよ」

――やっぱり「選手のために」っていう気持ちが強いわけですね。

京子　それはもちろん、NEOのときからいまもそうですね。この『あかゆ』というお店を閉めないのもそういうことですから。おかげさまで店にはお客さんが集まってくれるので、店とディアナの両方でうまくお金を回せるなっていう感じでやっているんですよ。本来ならプロレスだけでお金が回ればいいんですけど、それは現状ではなかなか難しいので、やっぱりこのお店が生み出すお金を大事にしなきゃいけない。「プロレスラーなのに飲んでばっかりいるんじゃねえよ」って言われたりもするから、葛藤はありますけどね。

――『あかゆ』は団体を続けるための生命線でもあるわけですね。

京子　NEOのときもそうでしたよ。あのときは日替わりで選手がお店に入ってくれて、売り上げが上がったらそのコたちにギャラを渡せるっていう感じだったので。まあ、べつに私は何を言われようが、お金が回っていたのでよかったなと。たぶん、女子プロレスラーでいちばん借金したのは私なんじゃないですか？　間違いなくそうだと思います。でも6000万円くらいの借金があったんですけど、半分は前の社長に返してもらって、残りの3000万は私がほとんど返してますよ。『あかゆ』で。

――そうなんですか。

京子　もう残りは1000万を切りましたね。

――素晴らしいですね。

京子　だからプロレスを辞めるまでには返したいのよ。プロレスを辞めるまでに綺麗になって、「お借りしてありがとうございました！　本当にお世話になりました！」って言って辞めたいんですけど、借金があるから辞められないんですよ（笑）。

――でも京子さんの才能と人生を、本当にプロレス界に捧げてきたわけですね。維持費がかかる道場を持つというのも、プロレスラーにとって道場がいちばん大事だという考えあってのものですよね？

京子　ねえ。もうやめるか、そんなポリシー（笑）。「何をこだわってるんだ」って思うときがありますよ。でもみんなが一生懸命に練習しているところを見ると、「やっぱり道場を持っていてよかったな」って思うし。いまいる梅咲遥とかマドレーヌは当たり前に思わないで、「幸せな環境だな」って思ってくれればそれでいいですよね。きのうは道場マッチだったんですけど、道場をちょっとリニューアルして綺麗にしたんですよ。だからこれからは試合会場みたいな感じでどんどん使ってもらえたらなと思っています。

――ディアナに道場があって、そこでしっかり鍛えられて、本格的なプロレスを追求したからこそ、Sareee選手もWWEという道がひらけたわけですもんね。

京子　そうですね。あのコがWWEに行くなんて10年前じゃ考えられなかったことだもんね。本当に手がかかった。もう生え抜きだから、いいコいいコに育ててたんで。

――入ったときはローティーンですもんね。

京子　毎日「辞めたい」って言っていて、毎日誰かが「がんばろう！」って言いに行かなきゃいけなくて。辞めなくてよかったじゃんね。続けていればいいことあるよね。私自身は身体をあちこち痛めちゃっていて動けないから、いまは佐藤さんが練習をずっと見てくれてますけど、ああいう道場はいいなと思いますよ。私はその練習になかなか参加できなくて、道場の端っこで「おー、行けー！」とか言ってるだけなんだけど（笑）。

――全女に入門してからもう33年間、身体を痛めつけてきているわけですもんね。

京子　33年ってヤバいよね。貴子は毎年言ってるんですよ。「そろそろ辞める」って。でも「貴子、あなたは入門して1日目に『辞める』って言ってたから、もう何十何年も言い続けてるね」って。初日で「辞める」って言った人がいちばん残っていますからね（笑）。

――33年ほど辞めるのが延びて（笑）。

京子　でももう52歳なので、いままでやってきたことよりもこれから先の人生のほうが短いわけじゃないですか。だから貴子とも「やれることはやりたいね」って言ってて。それで「最後にまたW井上をやろうよ」ってことで、いまお揃いのコスチュームを作っているんですよ。

――おー、いいですね！　令和版のW井上。

京子　負けてもいいから新しい世代と当たって、「W井上というチームがあったんだよということを後輩に残せたらいいな」っていう話をこないだ貴子と会ってしましたから。

「それぞれの団体で目指すものが違っていいんだけどウチはあくまでストロングスタイル。技の発表会じゃない」

——京子さんはいまの女子プロレスはどう見ていますか？この10年で団体も凄く増えましたよね。

京子　もう多様化の象徴じゃないですか。みんないろいろ違いすぎて「女子プロレス」ってひとつの言葉じゃもう言えない。ざっくりと「球技」みたいにもっと大きな括りで「あそこはバスケットボール、こっちはドッジボール」みたいな感じで、もうそれぞれ競技が違う気がする。女子プロのいいところって華やかさ、しなやかさ、力強さとかいろいろあるから、それぞれの団体で目指すものが違っていいんだけど、ウチはあくまでストロングスタイルというか。私が田舎から出てきたときと気持ちはまったく変わってませんね。「女子なのにアイツにはケンカ勝てねえな」とか「アイツはやべーよ！」って思われるようなレスラーになりたいと思って私は田舎から出てきたので、そこだけは変わらずです。女だけど「ちょっと俺たちでは敵わないよな」と思われる、そういうのがいいなといつも思ってます。

——そういう強い女子プロレスを残したいという感じですか？

京子　うん。しっかり残したいですね。第1試合から観ていて「アイツになら勝てそうだよ」って思っていたお客さんが、メインになるにつれて「あれはヤバいよ。怪物だな！」みたいな。そんな感じにしたいです。

——大事なことですけど、京子さんみたいなレスラーはいまの日本の女子プロレス界では絶滅危惧種ですね。

京子　そうですよ。私だけですよ。「プロレスラーは100キロないとダメ」なんて言ってるのも。

——若手の頃から京子さんは100キロを目指していたんですよね。

京子　はい、目指してました。もうなりたくてなりたくてしょうがなかったです。

——そこにいるだけで「プロレスラー」だとわかる、みたいな。

京子　目立ちたくないときもありますけど、ひと目見ただけで「プロレスラーってすげえな」って思わせたい。だから冬でも長袖なんて着たことないし（笑）。

——「プロレスラーは寒さにだって強い」という（笑）。

京子　だから若いコに「えっ、長袖着るの？」って聞いたら、「はい。普通に着ます」みたいな。時代は変わったなって。

「半袖じゃ寒いです」って言うから「寒くても『寒い』って言っちゃダメなんだよ！　私は30年間、『寒い』っていう言葉を使ってないいんだから！　プロレスラーは常に暑いんだよ！」って。

――プロレスラーは常に暑い！（笑）。

京子　私もたまに寒いと思うときがあるんですけど、絶対に「寒い」とは言わないですよ。見栄で生きてるんで（笑）。私はこないだ救急車に乗ったとき、家で測ったらオキシメーターが89とか88だったんですよ。それで救急車に乗ったら「あれ、95とか普通にありますけど」って言われて、「いやいや、ここでがんばらなくてもいいよ、私……」と思って。人前に出たらシャキッとしなきゃいけないっていう（笑）。

――人の目があると身体が見栄を張ってしまう（笑）。

京子　そうなっちゃってるのよ。「もうここからは病人って感じでいいんだから、私の身体」って思いながらも「あれ？」って感じになって（笑）。

――それは完全にプロレスラー体質というか、もの凄く特異な職業病ですね（笑）。

京子　ヤバいです。あのときは本当に病人でいたかったですね。たとえば足が痛くて病院に行っているのに、人が見ているとスタスタとカッコよく歩いちゃったりするんですよ。病院に行くときは病人らしく行きましょうっていうことですね。

最近、自分の中で心がけています（笑）。

――では、11年目からのディアナはどうしていきたいですか？

京子　いま、練習生が若いのからけっこう歳がいってるのまでいるんですけど、こういうのができるのってディアナだけだと思うんですよ。いまだと他団体は（入門基準が）「20歳まで」とか「24歳まで」とかって年齢制限があるんですけど、いまのところウチは何歳までとは言っていないので。本当に強い者が練習して、リングに上がれる資格がある者がリングに上がればいいと思うし、お笑いをやるにも何をやるにも基礎ができていないと観ているほうもつまらないだろうし、危ないので。なので私が最初にやった「本物のプロレス」っていうところの信念は曲げずにいきたいなと。やっぱり、どんなプロレスをやるにしても基礎ができていないとね。

――たしかにそうですね。

京子　だから今後も「あの団体は練習をしているな。凄いな。体力が違うな」って思われるような団体にしていきたいと思ってます。技の発表会じゃないので。

――ちゃんと鍛えているかどうかっていうのは、観ているお客さんにもちゃんと伝わりますからね。では、まずは10・10後楽園ホールでの10周年第二弾大会、期待しています！

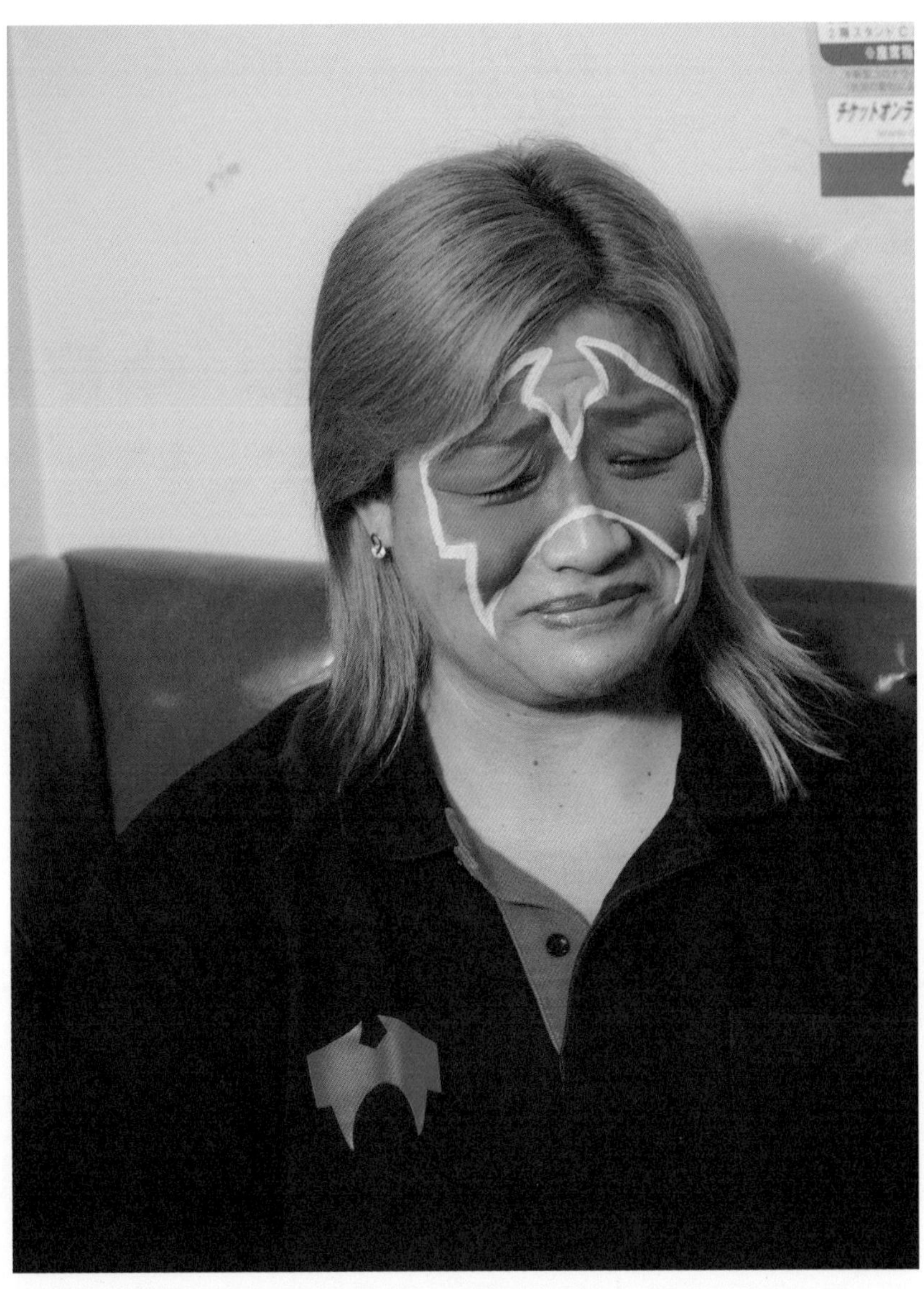

井上京子（いのうえ・きょうこ）
1969年4月22日生まれ、山形県南陽市出身。プロレスラー。ワールド女子プロレス・ディアナ代表。
全日本女子プロレスに入門して1988年10月10日、井上貴子戦でデビュー。以降、体重100キロの巨体ながら類稀なるスタミナとスピード、テクニックとパワーを兼ね備え一躍トップレスラーの仲間入りを果たす。1988年にネオ・レディース旗揚げに参加すると、その後もECW JAPAN、NEO女子プロレス、フリーランスを経て、2011年1月28日にワールド女子プロレス・ディアナを設立して運営会社であるワールド女子プロレス・ディアナ株式会社の社長に就任する。2021年10月10日、後楽園ホールで10周年記念第二弾興行を開催予定。

KAMINOGE
NO SQUAT,NO GAIN.

山田崇太郎

［ 職業筋肉／格闘家 ］

収録：2021 年 9 月 10 日
撮影：タイコウクニヨシ　聞き手：井上崇宏

スクワットは世界を救う！
東京・人形町に世界初の
本格的スクワット特化型ジムをオープン !!

「スクワットをやるだけで生活習慣病とかの問題もほぼ解決されて、インポが治ったという人もいる。だからもうスクワットをやらない人には税金を増やすとかしてもいいくらいですね。男性にも女性にもいいことだらけなのに、やらないっていうのはもう罪ですよ」

NO SQUAT,
NO GAIN.

「できるだけライトなイメージにしたほうが一般層も拾いやすいんじゃないかっていうことでパンダです」

――山田さんは『KAMINOGE』初登場ですけど、山田さんのような格闘家としての実績を出し続けている人に、今回スクワットの話だけをしていただくっていうのは失礼なのかなと思っているんですけど、大丈夫ですか？

山田　いやもう、全然。むしろスクワット以外に話すことはないんで（笑）。それはべつにスクワット以外のことを話したくないわけじゃなく、ボクの会話のバリエーションのなさが原因ですね。でもスクワットだったら8時間は語れるんで（笑）。

――あー、よかったです。じゃあ、今日は8時間語れる内容をギュッと40分くらいに凝縮して話していただけたら（笑）。先日、こちらのスクワットに特化した「PANDA GYM」（パンダジム）をオープンされて、まずボクが思ったことは「なんてイカしたネーミングなんだ」と。

山田　ありがとうございます（笑）。

――なんでまたパンダなんですか？

山田　これは凄く浅い話になっちゃうんですけど、このジムは友達と共同出資してオープンしたんですね。それでボクのイメージというか、交友関係が黒いとかではないんですけど、どうしてもちょっとマッチョな人が多いんですよ。

――でもタンニング的に黒いだけだぞと（笑）。

山田　そうです。肌にはそういう黒さがあるんですけど、社会的に黒いわけではけっしてないんです（笑）。だけど、できるだけライトなイメージにしたほうが一般層も拾いやすいんじゃないかっていうことで、「動物ってかわいいよね」っていう話になって「パンダってかわいいけど、じつは強いんじゃないか」っていうことでパンダでいこうと。やっぱりライオンやクマだとちょっとライトなイメージではないので、パンダをチョイスしましたね。パンダに対して特別な感情はなかったんですけど（笑）。

――特にパンダが好きなわけではない（笑）。

山田　もちろん嫌いなわけもないですけど、上野動物園にいて飼育するのに年間1億かかるとか、そういう印象しかないですね。

――なんとなく黒さも半分残っているから親しみやすいし（笑）。でも本当にボクのようにマッチョ成分が薄い人間からすると、とてもとっつきやすい名前ですよね。

山田　よくよく考えたらパンダって二足歩行もできるけど、基本的には四足歩行なのでスクワットからは離れちゃうんですけど（笑）。でもボクも文化系なんですよ。中学の部活は理科研究部で生徒会もやっていましたから。

——えっ、運動は?

山田　運動は高校生になってから「女のコにモテたい」っていう気持ちが芽生えまして、「じゃあ、甲子園に行ったらモテるんじゃないか」と思って。

——甲子園に行ったら絶対にモテますよ。それで野球部に入ったんですか?

山田　それまで野球をやったことのない人生だったんですけど、入った高校が甲子園に行っているところだったんですね。でもボクは小学校、中学校で野球どころか何も運動をしていなかったので、「いまからじゃ遅い」って言われまして。

——強豪校で初心者が始めるのはハードルが高そうですね。それで断念したんですか?

山田　はい。それから「ラグビーだったら高校生からでも」ってことになり。

——たしかにラグビーは高校スタートが多いですからね。

山田　そうなんです。高校スタートが多いので「ラグビーがいいんじゃないか?」って勧められてラグビー部に入部したんですけど、その高校は野球とサッカーは全国レベルで強かったんですけど、ラグビーは千葉県でベスト4くらいで、全国には行けないってことに始めてから気づきまして、それで辞めました。

——どうしても全国大会に出てモテたい(笑)。何年生のときに辞めたんですか?

山田　1年生です。ボクはスポーツはしていなかったけど、運動神経はそこそこよかったので1年でレギュラーになったんですね。それで勝手な自己評価としては「全国に行ける」と思っていたから、そうすればモテるという夢を描いていたんですけど、千葉県のラグビーって1校だけ圧倒的に強い学校が、あって、その高校は平均体重とかも90キロくらいあるんですけど、ウチの高校は平均70キロくらいなのでこれはちょっとダメだなと。ラグビーは15人でやるものなので、自分がひとりがんばったところでそこの差は埋まらないなということでラグビーを辞めて格闘技を始めました。

「身体を変えるということに関して言えば、30分間歩くよりも3分間スクワットをしたほうが効果がありますから」

——甲子園も花園も高1で断念したと。

山田　それで「スポーツじゃモテないからカネを稼ごう」っていうことで勉強に戻って(笑)。

——やっぱり脳を鍛えようと(笑)。でも格闘技も始めるわけですよね?

山田　もともと勉強もまあまあできていたので、先の人生が

見えたんですよね。ぼちぼちの仕事に就いて、そこそこ稼いでっていう感じの。だったら、ちょっとやりたいこともやってみようと思って格闘技を始めたんですよ。

——ということは、もともと格闘技はお好きだったんですね。

山田　好きでしたね。PRIDEとかは会場に行って観たりしていて。ちょうどグレイシー柔術が流行っていたので「マウントパンチをしてみたい」っていう気持ちがあったのと、もともと『空手バカ一代』が大好きで。

——まったくその世代ではないじゃないですか。

山田　世代じゃないんですけど、1999年くらいに『空手バカ一代』の復刻版が発売されたのでそれを読んで。そのときは100パーセント実話だと思い込んでいたんですよ。李青鵬とかも実在すると思っていて。

——「実在する」って書いてますからね（笑）。

山田　そう。「実在する」って書いてあるし、最初のヘミングウェイの引用とかもちょっとズルいじゃないですか。「事実を事実のまま完全に再現することは、いかにおもしろおかしい架空に物語を生みだすよりもはるかに困難である」って。まだその頃ってインターネットも発達していなかったので、『ムー』とかも怪しいけど信じるみたいな感じだったじゃないですか。

——半信半疑ってやつですよね。

山田　でも『空手バカ一代』の世界観と、実際の極真空手の試合が全然違うんですよ。それで「これができるのはなんだろう？」って考えたら総合格闘技でしたね。

——ちょっとした賢さとマンガ脳がミックスされて人生が見えてきたというか。

山田　ボクは完全にマンガ脳ですね。オンナに簡単に騙されるタイプですよ（笑）。それでまあ、こうしてぼちぼちの格闘技人生を送っていて。

——そんな中、どうしてスクワットのジムを始めることになったんですか？

山田　やっぱりアスリートの立場から見て、一般のみなさんってあまり時間がないし、トレーニングとか運動をしたほうがいいというのはわかってはいてもなかなか行動に移せないのって、いろんな面でハードルが高かったりするからだと思うんですよね。「これもやらなきゃいけない、あれもやらなきゃいけない」とか「やってみたけど効果が出ない」とか。それは費用面だったり時間だったり、キツさだったりといろんな要素があると思うんですけど、その中でスクワットは効果もちゃんと出るし、時間もかからない。

——「スクワットはあなたを裏切りません」と。

山田　それぞれ主観的なキツさはあっても、じつはそんなにキツくなくてなおかつ効果も出るのがスクワットなんです。運動って「凄くがんばらないと効果が出ないもの」と「それなりにがんばったら効果が出るもの」、そして「いくらがんばってもムダなもの」っていう3パターンあるんですけど、とにかくスクワットだけはすぐに効果が出やすいんですよ。身体を変えるということに関して言えば、30分間歩くよりも3分間スクワットをしたほうが効果がありますからね。

――よく聞くのが、筋肉の70パーセントは下半身だから、下半身だけ鍛えていても代謝は上がるっていう。

山田　その理解で間違いはないですし、下半身を鍛えることで生活習慣病とかの問題もある程度は解決されるんですよ。プラスして加齢によって衰える部分ってほぼ下半身ですから。腰が痛いとか、歩くことができないっていうのがほとんどで、あとはまあ四十肩、五十肩くらいじゃないですか。だからとにかくスクワットですね。世界を救うと言われています。

――スクワットは世界を救う（笑）。

山田　だからスクワットをやらない人には税金をちょっと増やすとかしてもいいくらいですね。あるいは保険負担を4割にするとか。

――スクワットは国民の義務（笑）。

山田　実際に一般の人は歳を重ねるごとに健康問題による出費も増えていくわけですけど、スクワットさえやっていればそれも解決するんですよ。なのにやらないっていうのはもう罪ですよね。

「グラップリングが強い人間って性格が悪いヤツかオタクですね。天才っていう感じのタイプではないです」

――じつはボクも去年の春にコロナ禍になってから、事務所でなんとなくスクワットをやるようになったんですよ。そうしたらめっちゃ体力がついたというか、体調が以前よりもよくなりまして。

山田　はいはい。

――夜中に飲み食いすることもなくなったから、コロナ禍になったことで以前よりも健康体なんですよ（笑）。

山田　習慣がよくなったんですね。

――はい。もともと病気とかもなくて普通に生きていたんですけど、スクワットをやり始めて3日目くらいから「やべ、信号が赤になる」ってときにパッとダッシュできたりとかして「あれ?」みたいな（笑）。

山田　明確な好調ですね（笑）。

――明確な好調です（笑）。なにしろゼロからスタートなので、格闘家とかアスリートよりも全然明確だと思うんですよ。

山田　いや、そうだと思いますよ。だから一般の人こそスクワットですよね。

――それで山田さんは『スクワットの深さは人間性の深さ』

（山田崇太郎&千葉久義共著／ベースボール・マガジン社）という本も出されていて。

山田　さすがにそんなことはねえだろうっていうタイトルなんですけど（笑）。これって冗談だとわかってもらえると思ったんですけど、普通に額面通りに受け取られて「いや、そんなことはない。スクワットで人間性はわからない」っていう反応をされて、ちょっと本当に言葉遊びっていうものを知らないのかと思いましたけど（笑）。

――山田さんって人を論破するのとかうまそうですよね。

山田　いや、そんなことは全然ないですけど、まあまあオタクっぽい理論派なので。ひきこもりみたいな感じでまったく外向的じゃないんです（笑）。

――寝業師ってそういうタイプの人が多いですよね。

山田　寝業師は基本的に気持ち悪いヤツが多いですからね。あとは性格が悪いヤツとか。

――オタク気質で、ついついのめり込んで技を研究しちゃうというか。

山田　たしかにボクも区分けとしては寝業師というかグラップラー寄りになるんですけど、グラップリングが強い人間って性格が悪いヤツかオタクですね。天才っていう感じのタイプではないです。立ち技には天才が多いんですけど。

――性格がスカッとしていないんですか？

山田　やっぱり人がされて嫌なことを考えているからでしょうね。カルペディエムに橋本知之くんっていう天才がいるんですけど、彼は嫌なヤツとかではなくてロジカルに考えて答えを出す本当のオタクタイプですね。それで青木（真也）くんとかは性格が悪いです（笑）。彼とも仲がいいんですけど、人の嫌がることがわかるというか、本当によく考えているなと。

――人が嫌がることばっかり考えて暮らしていると（笑）。

山田　だって昔のインタビューとかひどいじゃないですか。「強いヤツがいたらケガさせろ」とか（笑）。

――クズですね。『KAMINOGE』を読んでいる読者の人たちも、体育会系よりもボクのような文化系が多いと思うので、ボクもその効果を実感しているスクワットをおすすめしたいなと思っているんですよ。

山田　そうですよね。ボクもプロレスオタクでしたから。しかも誌面だけのオタクで。

――想像力を鍛えるタイプ（笑）。

山田　だからスコット・ノートンの記録がどんどん伸びていくベンチプレスとかも普通に信じていましたよ。「あの鳩胸はベンチプレスで作られるんだな」と。で、ボクも文化系の人こそがスクワットの恩恵をいちばん得られると思うんですよ。もともとがゼロだったり、運動量が少ない方たちなので。そして、そういう人たちに言いたいのは「まず大事なのは継続であり、がんばらないこと」ですね。

「不特定多数の異性とセックスしている人間がもっともテストステロン値が高くて、その次が独身。いちばん低いのはパートナーがいる人間です」

――「やりすぎるな」というのはいいですね。

山田　できれば最初は毎日やって習慣化したほうがいいですから。だから自分が楽しいことをする前にスクワットを5回だけやってみるとか。

――5回なら毎日続けられるでしょうね。

山田　はい。あとスクワットって〝勃ち〟がめっちゃよくなるんですよ。

――おおー。テストステロン値が上がるってやつですよね。

山田　テストステロンって蓄積して増えていくんですよ。男性にも更年期障害があって、だいたい45歳くらいからその症状が出てくるんですけど、加齢だったりストレスだったりいろんな要素が重なりつつ、やっぱり性行為をしなくなるっていうのも大きな要因としてあって。

――ほう。シャドーはカウントされないんですか？

山田　オナニーは位置づけとしてどうなのかっていうところは難しいんですよね。ただ、「パートナーとの性行為はダメ」っていうのがあるんですよ。それだとテストステロン値が上がらないどころか低下するという。

――えっ、どういうことですか⁉

山田　パートナーとの性行為は、3カ月あたりを超えた時点でテストステロン値が低下していきますね。

――えっ、よくわかんないです。特定の人とセックスをし続けることがよくないんですか？

山田　基本的に不特定多数の異性とセックスしている人間がもっともテストステロン値が高くて、その次が独身で。いちばん低いのはパートナーがいる人間ですね。

――そうなんだ（笑）。

山田　パートナーがいる人間っていうのは不貞行為をしないということなので、やっぱり独身のようにフットワークが軽くて動けるっていう時点でわりとテストステロン値は高いんですよ。クラブに行ってナンパをするとか、キャバクラに行って口説いたりしているから。でも陰キャの人ってそういう行動もしないんですよね。だからまずはスクワットを始めて、それでオナニーをするっていうのが効果的かなと（笑）。

――テストステロン値を上げてモテようぜと。

山田　はい。だからまあ、スクワットとセンズリがいいですね。

――スクワットとオナニーのサーキットトレーニング（笑）。

あとスクワットって毎日やったほうがいいんですか？

山田　本当は回復というのがあるので、筋肉の視点でフォーカスして見た場合には70時間は空けたほうがいいんですよね。だからボディビルディングは身体の各部位をそれぞれ週1ペースでやったりするんですけど、テストステロンの観点で見ると毎日やったほうがいいという面もあります。ホルモンの分泌なので負荷をかけなきゃいけない、それも特に大きい筋肉に負荷をかけるのがいいので、そうなるとやっぱりスクワットになるんです。そこにあともう1個挙げるなら、デッドリフト。結局、下肢と脊柱の筋肉に負荷をかけるとテストステロンの分泌が高くなりますので。

——なるほど。しかも我々のような一般人はそんなに回数をやるわけではないので、毎日継続してやったほうがいいわけですね。歯磨きと同じように習慣化させると。

山田　少ない回数を継続してやっていくのがいいですね。それでちょっとずつ、月単位、年単位で負荷を増やしていくっていう。ただし、そこでも回数を増やす方向にアプローチするのはあまりオススメできないです。昔からスクワットは効果的で、力道山もやっていたし、アントニオ猪木やジャイアント馬場もみんなやっていたわけじゃないですか。

——床に汗で水たまりができるほどやっていたっていう。

山田　本当にそうだったと思うんですよ。ただ、それは効率とかではなく経験則で結果が出るとか、根性論でやるシゴキの要素もあったと思うんですけど、いまはわりと科学によって何が必要とされているかが分析されているので、最小量から始めるというのがやっぱりいいです。１０００回とかやってたら時間もかかっちゃうから、最初は回数をあまり上げずに重りを持ってやるのがよくて、とにかく家とかでやるならゆっくりやってみることですよね。

「女性の場合もテストステロンの分泌が大事で、スクワットをすることで筋肉量が増えて痩せやすくなります」

——重りはどれくらいのやつがいいんですか？

山田　最初はペットボトルを持つとかでもいいと思うんですよ。で、それに飽き足らなくなったらジムに行くとか。あとはフォームに関して言うと、いまって力学的視点で重心線からどう離れるかなんですね。それがわかっていれば腰やヒザを痛めることはないし、ストレスもかからないんですよ。

——闇雲にやっていた時代とは違うわけですね。

山田　たとえばスパーリングで習った技をかけたとします。そうしたら「この相手にはかかったけど、あの相手にはかからなかった」とかってありますけど、それは相手の対応もあるからで、そういうちゃんとした分析ができないという要素があるからなんですよ。でもスクワットは自分ひとりの動作だから、めちゃくちゃフィードバックが簡単なんです。外的要素がないので室内でやっていたら常に条件も一緒だから問題の修正がしやすいし、やっぱり文化系に向いていると思うんですよ。

——お話を聞いていると、スクワットをやることはメリットしかないように思えてきますけど、あえてデメリットを挙げるとすれば何かありますか？

山田　デメリットを言うとしたら、関節って消耗品なんですね。もちろん修復作用もあるんですけど、プロレスラーでヒザを壊してる人ってめちゃくちゃ多いじゃないですか。

——はいはい。あれはよく若手時代のスクワットが原因だって言いますよね。「フルでやらせやがって」みたいな。

山田　可動域というのは人によって違うので、フルでやっていい人もいれば、やらないほうがいい人もいるんです。根本的にスポーツとかのパワーリフティングはフルでやらないといけないんです。あとは柔術をやっていて、いくらヒザや腰が痛くても「この技を使ったら試合に勝てる」となれば使うじゃないですか？　つまりスポーツって健康よりも上位にくるということなんですよね。当然アスリートにとっては勝敗が大事なわけですから。デメリットというのはそれくらいで、しかもアスリートに限った話ですよね。だけど一般の人は健康が何よりも大事だから、スクワットを負担のない範囲で大きくやればいいんですよ。

——ボクがいつも不条理だなと思うのが、アスリートって誰よりも運動能力、身体能力が秀でているからアスリートなわけじゃないですか。ボクらはただそれを観て応援しているだけですけど、最終的にアスリートたちのほうが身体を壊して日常生活もままならなくなってくるというのは、まさに健康よりもスポーツが上位概念にあるからですよね。

山田　だから、それもさっき言った消耗ですよ。アスリートは身体を酷使しているぶん、ヒザはもう80歳レベルっていう方も多いですよね。

——身近な体験談として、ボクらのような一般人から「スクワットをやったらこんないいことがあった」って聞いたことはありますか？

山田　「インポが治った」って人がいましたよ。

——スクワットでインポが治った！

山田　はい、スクワットで。それってもう男にとっては切実な悩みじゃないですか。だからこの話は刺さる人には刺さるっていう。チンポだけに（笑）。

——そして刺さらないヤツにはまったく刺さらないと（笑）。

山田　で、刺さる側だったんですね？（笑）。

——軽く刺さりました（笑）。あと女性はどうですか？　森光

子さんや黒柳徹子さんなどがスクワット愛好家として有名ですけど。

山田　女性の場合も女性ホルモンが大事っていうわけじゃなくて、やっぱりテストステロンの分泌が大事なんですよ。だからスクワットは効果的だし、あとはエストロゲンが女性らしい身体にしていくために必要で、脂肪とかが蓄積しちゃうとホルモンバランスが崩れてきて更年期障害の症状が出ちゃうんですね。なので単純にスクワットをすることで筋肉量が増えてテストステロン値が上がるので痩せやすくなるんです。あとは行動的になりますよね。テストステロンは社会的に活動する上では攻撃的なホルモンだと言われているんですけど、仕事ができる人ってだいたい性欲が強いんですよ。経営者は基本的には性豪ですよね。

「漢方には副作用がないとかって言いますけど実際にはある。せっかくだから、このジムも『KAMINOGE』割引を適用します」

――経営者は性豪（笑）。でも、それもわかる気がします。

山田　ボクのまわりで億以上の年収がある人は、みんな遊んでいらっしゃいますね。

――それは仕事ができるから性欲が強いのか、性欲が強いから仕事ができるのか、どっちなんですかね？

山田　どっちが先かはわからないですよね。ただ、基本としてすべてスクワットで解決できると（笑）。普通の人でチンポが勃たないっていう人には、テストステロンを高めるというアプローチとしてスクワットはありなんじゃないかということになりますね。

――たとえばインポ解消のために漢方系の服用に走る人もいますよね。私の知り合いにも前田日明さんという人がいるんですけど（笑）。

山田　外的要因に頼るっていうのはボクはあまりおすすめしませんね。スクワットはホルモンの分泌にマイナスの影響はないんですけど、そういう薬剤ってたとえば「テストステロンを上げるステロイドがあります」となって、それを投与して何が起こるかと言えば、たしかにまずホルモン値が上がる。普通は10～50ミリくらいしか出ないものが、２００ミリとか投与するのでめちゃくちゃ上がるんですね。でも一方で身体の内部から生成する機能が低下するんです。外部から入ってくるので内部生成を遮断しちゃって、その薬の投与をやめたときにどうなるかって言うとゼロになるんですよ。

――あー。瞬間的に効果はあっても、最終的には機能低下してしまう。まずいじゃないですか。

山田　なので漢方とかも副作用がないとかって言いますけど、実際にはあるんですよ。作用があるわけですから作用と反作用、何かしらのフィードバックはある。だからこそ、スクワットのような並の努力をしてテストステロンを蓄積させていきましょうという方法ですね。もちろんトレーニングもやめたら機能は下がるので、継続するっていうことが大事になります。

――このあと、ちょっとだけスクワットをやっていってもいいですか？（笑）。

山田　もちろんです。スクワットはあらゆる面で合理的だし、スクワットをやることによって上半身も鍛えられるし、ボディメイクという意味でもみっともない身体にはならないですから。それから胸板を厚くしたいとかそういう欲が出てきたら、プラスでそっちのトレーニングもしていけばよくて、とにかくスクワットは導入として凄くいいと思いますね。もちろんトレーニング上級者でもスクワットはやるんですけど。

――わかりました。では読者のみなさん、今日から一緒にスクワットをやりましょうということで。

山田　せっかくだから、このジムも『KAMINOGE』割引を適用しますよ。

――あっ、『KAMINOGE』割をしてくれます？「本誌持参で入会金を何パーオフ」とか？

山田　もちろんです。ご用意します。

――おー、うれしい！　ただ、通える地域がかなり限定されてしまいますけどね（笑）。

山田　でも、『KAMINOGE』を読んで興味を持って来てくれたら、ボクもうれしいですから。ちょっとどんな割引がいいのか、考えておきますね。

――ありがとうございます。その際はSNSとかで発信していただけたら。では、山田さん。最後に山田さんにとってスクワットとはなんですか？

山田　「人生」ですね（キッパリ）。あっ、ちょっと重い言い方をしてすみません。基本引きこもりのオタクなので……（笑）。

SQUAT INFORMATION

山田崇太郎プロデュース
完全スクワット特化型ジム
『PANDA GYM』

さあ、いますぐみんなでスクワット！2021年8月にオープンしたばかりの完全スクワット特化型ジム『PANDA GYM』でスクワットの素晴らしさ、楽しさを存分に味わおう。

『PANDA GYM』
東京都中央区日本橋人形町1-5-8・B2F（日比谷線・浅草線『人形町』徒歩10分）

https://www.pandagym.net

山田崇太郎（やまだ・そうたろう）
1983年9月23日生まれ、千葉県出身。総合格闘家。株式会社KND代表取締役CEO。PANDA GYM代表。
2010年UWWパンクラチオン世界選手権80キロ級優勝、2011年UWWグラップリング世界選手権75キロ級優勝、2013年アビダビコンバットアジア選手権77キロ級優勝、QUINTET出場3大会優勝など格闘技で数々のタイトルを手にする。トレーニング関連の出版やトレーニング器具のプロデュースもおこない、理論に基づくトレーニングが支持を集めている。2021年8月、スクワット特化型トレーニングジム『PANDA GYM』を東京・人形町にオープンさせた。

坂本一弘

馬乗りゴリラビルジャーニー（仮）

第14回 「脱線って大事」

構成：井上崇宏

（さかもと・かずひろ）
1969年3月4日生まれ、大阪府大阪市出身。
修斗プロデューサー/株式会社サステイン代表。

——前回の「自分に対する復讐」っていう言葉は胸に響きましたね。かつて弱気になったこともある自分に対して、がんばり続けることで正当性を証明してあげるという。

坂本 継続することというのは、人に対する恩返しと自分に対する復讐ですよね。やっぱりボクも「あー、もうダメ！ ラクになりてー！」って思うときが何回かありましたから。選手時代は練習とかがいくらキツくてもなんとも思わなかったのが、興行の運営とかとなるとやっぱり多くの人が関わっているから、そうなってくると厳しいときってやっぱりありますよね。継続することは恩返しと復讐。これって、井上さんにもそういうところがあるんじゃないかって思うんだよね。

——たしかに自分にもそういう感覚があるなと思いました。自分自身に対する決着を常につけたがっているような気がします。

坂本 『KAMINOGE』ももう10年でしょ。10年もやっていたら「あのときの俺はダメだったな」とか「でも、こんないい記事を書いて盛り返してるじゃん」とかいろいろあったと思うんですよ。まわりで好き勝手にグチグチ言っている人間がいたとして、そのときは「そう言われたらそうだよな」と思ったとしても、「いや、俺なりに盛り返して10年ちゃんとやってきたからさ」って思えたときに復讐じゃないですか。あのとき弱気になっていた自分、まわりから言われて何か変えなきゃいけないのかなと思った自分。そんな自分に対する復讐って『KAMINOGE』が続いていないとできないんですよね。だから井上さんも2カ月くらい前かな、「もう行き詰まってるんですよ」って言っていたじゃないですか。

——ボクが言いましたっけ？ で、それをバラします？（笑）。

坂本 言ってましたよ。でも、それだっていまは「そんなこと言ったっけ？」ってなっているでしょ。「なんかつまんないんですよね」って言ったとき、それは本心だとは思うんですよ。ルーティーンワークで作ることはできるけど、「これが俺の全力なのか？」と。「ちゃんと取材相手に対していい球を投げられているのか？　キャッチボールができているのか？」とか。いろんな葛藤があるとは思うんだけど、そこに対する復讐は、やっぱり10年したらできるんですよね。

——マジで人の心をどんどん見透かさないでください（笑）。

坂本　普段いろんな人にインタビューをして、話を聞いていて、内心「なんじゃそりゃ？」って思うことってないですか？

——いや、それはちょいちょいありますけど。でも、その人の言い分を聞いて紹介するのが仕事ですから（笑）。

坂本　だから聞き上手な人って「受けのプロレス」だから誰とでも対話できるんですよ。でも井上さん自身は120パーセントをいつ出すのかっていうところなんですよね。

——アハハハハ！　今晩、寝られなくなりますよ（笑）。

坂本　冒頭からずっと話が脱線していて申し訳ないけど、脱線って凄く大事なんですよね。『KAMINOGE』は載ってある内容の半分は脱線に近い状態じゃないですか（笑）。

——はい。ボクは取材していて「早く脱線してえ」っていつも思っていますから（笑）。さあ、脱線と同じくらい大事な修斗の話をしましょう。バリジャパや修斗四天王の活躍で大ブームを巻き起こしたあたりまで話しましたよね。

坂本　エンセン井上、佐藤ルミナ、桜井マッハ速人、朝日昇の修斗四天王と呼ばれる象徴的なアイコンが期せずして誕生したことも大きかったし、さらに宇野（薫）くんもいてですから。ボクはそこにあの修斗のドラゴンのマークをプラスしたいですね。あのロゴも象徴的なもののひとつになると思うんですよ。

——ああ、たしかに。最初に見たとき「めっちゃカッコいい！」って思いました。

坂本　あれは長谷部（敬伸）さんというデザイナーの方に作っていただいたんですよね。バリジャパのロゴも長谷部さんです。その長谷部さんと修斗をつないでくれたのが、インスピリットの杉田（剛司）社長なんですよ。「ロゴをどうするか」ってなったときにバッとつながって、すぐにデザインが出てきたんですよね。そういう意味では四天王の彼らと一緒で、瞬間でパッとアイコンとなるものができちゃったんです。修斗を象徴する選手と、修斗を象徴するロゴがほぼ同時にできあがったっていう。

——そうやって瞬間でモノができあがるときって、やっぱり外の血って大事だなと思いますよね。

坂本　そうそう。大事ですよね。

——いつも言ってますけど、外部からの血を取り込むことでガラッとシーンが変わりますよね。ボクも無意識かもしれないですけど、普段から業界外の人たちとつるむことが多いですし、それって常に新しい感覚を手に入れたいからなのかなと。

坂本　そうなんですよ。たとえばどこかの世界ではもう廃れたものだとしても、こっちに持ってきたら新しくなるってこともあるじゃないですか。そういうのって「所変われば」だから、貿易とかと一緒だと思うんですよね。「この国からこの国に持って行ったら、形が変わって有益なものになった」とかっていうのと一緒じゃないですか。

——マツタケなんか食わないよっていう国も多いみたいですからね（笑）。

坂本　それはかならずしも格闘技業界が遅れているとか、進んでいるとかってことではなく、ビジネス的なこと、デザイン、音楽とかもそうなのかもしれないですけど、何かを導入した瞬間にまったく新しい景色が見えてきたっていうのは、文化とか芸術の世界では往々にしてあることですよね。文学もそうだと思うんですよ。外国人作家のような書き方を日本に持ち込んできたら「これは新しい」って言われたり、クールだって思われたりすることもあるだろうし、逆に日本から外国に持っていったときにも「ジャパニーズ・クールだ！」ってなることもあるわけじゃないですか。だから真似るとかそういうことではないんですよね。場所を変えれば見え方が変わる、形を変えて違うものになるっていう。

——格闘技業界を前進させたいなら、格闘技だけを見てちゃダメってことですよね。

坂本　『KAMINOGE』を読んでいても思うのは、いろんな人と話したり付き合ったりすることによって誌面がガラッと変わるじゃないですか。いつからこんなに変わったんですか？

——えっ？

坂本　もともと基本的にはプロレスの本じゃないですか。百歩譲ったとしても、だんだんと登場してくる人たちの比率がおかしくなっていないかと（笑）。

——あっ、それは常に変動してますね（笑）。

坂本　きっかけはどこで吹っ切れたんですか？

——いや、坂本さん、これは言わせていただきます。

坂本　聞きましょう。

——創刊号の表紙は甲本ヒロトさんなんですよ。

坂本　あっ、そっか（笑）。

——あそこですでに決まっているんですよ。あれは「自分の好きなものだらけでやらせていただきます」という表明ですから（笑）。

坂本　なるほどね。だからそれはボクが佐藤ルミナをメインの起用にしたのと同じですよね。

——そうだと思います。「俺はこれでいく」っていうことですもんね。だからヒロトさんや矢沢永吉さんに早々にご登場いただいた段階で、もうなんでもありになったというか、自由になったと勝手に思っています。

坂本　じゃあ、ずっと井上さんが好きなことをやってるっていうだけの話か（笑）。

——それでいまはちょっとMMAが好きっていう（笑）。

坂本　でも、「こんな人にも会えるんだ」っていう感覚もあるじゃないですか？　こういうものを作っていることによって、普通なら会えなかった人にも会えるっていう。

——そうなんです。メディアを持っていなかったら誰にも会えないですよね。もしかしたら誰からも相手にされないだろうと自覚もありますし。

坂本　それはどの職種でも一歩間違えたら

みんなそうですよね。たとえば井上さんが『KAMINOGE』をやめたとするじゃないですか。そうしたらただの人ですからね。ただのおっちゃんですよ。

——ホント、ただのひょうきんなおじさんですよ（笑）。

坂本 いや、そのときはみんなが井上さんのことをおもしろい人と思うかどうかもわからないですよ（笑）。

——あー。怪しいですよね（笑）。

坂本 「なんかアイツもつまらなくなったな。もう会うのやめよう」ってなるかもしれない（笑）。

——だから続けることっていろんな意味で大事なんですよね。

坂本 大事、大事。それってしがみついてるとかそういうんじゃなくてね。

——「ずっとやってる人」でい続けることというか。

坂本 そういうことです。だから走り続けるしかしょうがないんですよね。いくら「もうやめろ」って言われてもね。だからすげー消耗してると思うんですよ、井上さんも。毎月毎月締め切りに追われ。

——はい。削られまくってます（笑）。

坂本 あと、この原稿もいつも入稿ギリギリに送られてくるじゃないですか。「なんでもうちょっと早くからやっておかないのかな」ってボクも思ったりするんですけど（笑）。昔からオカンに言われていることをいまだにやっていますよね。「アンタ、なんでもっと早よから宿題をやらなかったん！」って。「夏休みの結末を何年やってるの？」っていう話じゃないですか（笑）。

——慣れないです。うまく段取りができないんです（笑）。

坂本 この連載も1年くらい？　まったく何も変わらないんだと思って（笑）。いつも1日前くらいに送ってくるじゃないですか？　でもこれって不思議なもんで「1週間後に戻してください」ってなったら、たぶんボクはチェックすることを忘れてると思うんですよ。

——そうですよ（笑）。

坂本 いや、これは擁護しているわけじゃないから。「そうですよ」じゃないよ。もうちょっと早く出してきてくださいよ。

——坂本さんにそんなお小言を言われて、なんかさびしいですよ。我々はもうファミリーだと思っていたのに。

坂本 「俺たちはファミリーだ」って、青木真也じゃねえんだから（笑）。

——俺たちはファミリーじゃないですか（笑）。

坂本 手口がね、「江夏の21球」と一緒なんですよ。あれだって凄いって言われ続けてますけど、でもその前にフォアボールで満塁にしてお膳立てをしているのは江夏豊本人ですからね。

——たとえが天才的ですね（笑）。

坂本 最初っから抑えてりゃいいじゃねえかって話ですから。そういう自作自演には騙されませんよ（笑）。

TARZAN by TARZAN

ターザン バイ ターザン

TARZAN YAMAMOTO

INTERVIEW SERIALIZATION

はたして定義王・ターザン山本！は、ターザン山本！を定義することができるのか？「俺がかつて暴君だったのは『週刊プロレス』の編集長だったからですよ。トップを張っているがゆえのプレッシャーが常にあったからこそ暴君にならざるをえなかったわけですよ。だけどターザン山本、75歳。そんな私もすっかり歳を取り、超丸くなってしまった……」

VOL.027

絵　五木田智央　聞き手　井上崇宏

第二十七章

キレてますか？

「女性には遅刻をしてほしいんですよ。遅刻してきたときの笑顔と走ってくる姿がたまんないわけですよ！」

――山本さん、今日ボクは20分ほど遅刻してきちゃったわけですけど、キレてますか？

山本 ええっ？ 全然キレていませんよ！ だってさっき「少し遅れます」って連絡くれたじゃない。事前にそう言われていたら、こっちはそのつもりでいるからキレるわけがないじゃない。それと俺はね、遅刻には慣れてるんよ。

――あー。ボクは憶えていますよ。過去に何度か山本さんがインタビューする取材に同行して、レスラーってけっこう遅刻してくるじゃないですか？ そういうとき、ボクは立場的に山本さんの顔色を見ちゃうんですけど、山本さんってイライラすることもなく全然へっちゃらですよね。

山本 まったくもって平気ですよ！

――なぜ待たされることに平気なんですか？

山本 だってね、いちばん待ったのは札幌のホテルで長州力の3時間。

――3時間！（笑）。

山本 インタビューをしたいとお願いをして下のロビーで待っていたんだけど、長州が全然来ないんですよ。そうしたら3時間してロビーに降りてきた。

――3時間って、もう約束が守られていないに等しいですよね。

山本 いや、それでも降りてきたっていうことは長州は約束を守っているんですよ！ そう考えなきゃダメですよぉ。だってレスラーは遅刻をするのが当たり前という認識で動いているんだから。

――どういう認識ですか。しかも3時間って。

山本 あとは女性もかならず待ち合わせに遅れるよね。なぜ遅れるかと言うと、彼女たちは化粧をしなきゃいけなくて、その化粧をするのにざっと30分から1時間程度かかるんです。

――どこ調べだよ。

山本 あるいはシャワーを浴びたりとかね。だから彼女たちが約束の時間に遅れることは当たり前のことで、キャバ嬢なんかは特に当たり前だからね！（急に小声になり）そして、そもそも待ち合わせというのはね、待つ側のほうが余裕があるんですよ。

――どんな余裕ですか？

山本 だって早めに着いたらちょっとあたりを散歩できたりとか、あるいは通行人の顔を眺めながら「あっ、いい女がいるな」とウォッチングしたりとかさ、そういう楽しみ方ができるんですよ。

――降って湧いたボーナスタイム（笑）。

山本 しかも待っている間じゅう胸がドキドキしてね、「本当に来るのかな？ 来るのかな？」っていう危機感が自分の中で生まれてね。

――危機感。

山本 「もしかしたら来ないんじゃないか？」という不安感がもの凄くリアルに思えてくるんですよ。

――遅刻されることをそこまで楽しんでいる人を初めて見まし

たよ（笑）。

山本　いや、むしろ遅刻をしてほしいんですよ！　だって遅刻をしてくると、彼女たちは遅刻してきたという罪の意識からちょっと俺に気を使ってくるんですよ。気を使うというのはどういうことかと言うと、めちゃくちゃ笑顔になるんですよぉ。「すみませ～ん！」とか「待ったー？」とか言って、そのときの笑顔と走ってくる姿に俺は惚れ切るんだよね。それはそれはたまんないですよ！　はっきり言ってね、そのときは女性がいちばん輝いている瞬間ですよ。だから男は早めに行って待つべきだし、女は遅れるべきなんですよ！

——じゃあ、山本さんはむしろ約束の時間よりも早く着いちゃったりもするんですか？

山本　（急に小声になり）俺はね、かならず約束の時間の30分前に行くようにしているんですよ。待つということを濃密に楽しみたいという、ひとり相撲をしちゃうわけですよ。それは要するに自己愛みたいなもので、俺みたいなドMはそういう発想をするわけ。そこで怒るというのはSの発想でしょ。そうしたらすべてがぶち壊しになるんですよ。だからいくら待たされたとしても「いや、大丈夫だよ」っていう素振りを見せておけば、その後のコミュニケーションがいい感じになるんだよね。

——いいアピールにもなりますよね。「私はこんなに遅刻してきたのに、この人は全然怒っていない。やさしい人ね」って。

山本　そう。ネクスト・コミュニケーションが有意義なものになるんですよ！

——まあ、こちらがリング中央を取った状態というか（笑）。

山本　そうそうそう！（笑）。

——そして相手はリング端をぐるぐると回るだけ（笑）。

山本　そうなればこっちは余裕なんですよ！（笑）。あるいは若い世代なんかはさ、約束の時間を守る感覚っていうのが皆無なんですよ。

「失言というのはフライング言語なんですよ。フライングをしなければバッシングもされないけど、それだとおもしろくない」

——ウソでしょ。ジャマイカじゃないんだから。

山本　いや、若者たちには約束の時間を守るという感覚はない。

——いや、あるでしょ（笑）。

山本　残念ながらまったくないんです。だから待ち合わせの時間に対する考え方やルールは、世代によって異なるということも俺は知ってるんよ。

——山本さんはそういう若者に対しても怒らないわけですか？

山本　怒らない。だって俺には世代が違うとか、歳が離れているっていう感覚がないんですよ。誰であろうが常に俺と同じ土俵に立っていると思ってるからね。だって若いから俺にはない何かを彼らは持っているし、女性だって若いっていうだけで価値があったりするわけでしょ。そうするとこっちは会える、同じ時間を過ごせるということへの喜びがあるので、むしろこちらが下手に出るくらいじゃないとダメなんですよ。

——でも、山本さんってこんな人じゃなかったはずですけどね。昔はもっと暴君だったじゃないですか。

山本　あっ、暴君だったよ。でもそれは『週刊プロレス』の編集長だったからで、もし週プロが売れなくなったら俺は終わると。会社からクビになるかも、左遷されるかも、あるいは自分のポジションがなくなるかもというプレッシャーが常にあったからこそ暴君にならざるをえなかったわけですよ。頂点に立った人間というのはあとは落ちるしかないと思っていたからね。2番手、3番手の人間だったらまだ精神的な余裕があるけど、トップを張っていた俺にはそんな余裕はないわけですよ。横綱が優勝できなかったら引退することと一緒ですよ。

——よくもまあ、自分でトップだの横綱だのと……。

山本　だけど、そんな私もすっかり歳を取ってしまった……。ターザン山本、75歳。そこで昔のようなノリでやっていたら、みんなから総スカンを喰らうわけですよ。

——じゃあ、キレないというのは生き抜く術でもあるわけですね。

山本　そういうことですよ。だから超丸くなるわけですよぉ。

——アルマジロか（笑）。

山本　とにかくいまの俺には角がまったくないわけですよぉ。

——そんな山本さんでも、ここ最近でキレたことってないんですか？

山本　ないね！　ゼロだね！　もうまったく怒らなくなったよ。たしかにもともとの性格はせっかちではあるよ。俺はチェックが厳しいからね。それと普通、人というのは歳を取れば取るほど頑固になって、短気になってくるでしょ。でも、それをやったらおしまいだっていうことを俺は嫌というほど見てきたというか。いまってさ、SNSでみんな憂さ晴らしをしていたりだとか、キレまくってたりしているよね。あれは彼らの無意識のストレスが巨大化しているんですよ。それを表に出せないからツイッターとかで発散するというかさ。

——個人的なストレスを別の形でぶつけているっていう。

山本　だから自分とは関係がない人に対してもバッシングするし、やり合うじゃない。だからツイッターなんかはちょっとでも失言をすると大問題になるわけですよ。だって俺は失言王みたいなものじゃないですか。

——そうですね。失言が含まれていないツイートは1個もないですね（笑）。

山本　パチパチパチパチ！（うれしそうに手を叩く）。いや、それは失言するというか、俺から言わせるとフライングをしないことには新しいコミュニケーションは生まれないという考えなんですよ。言葉がフライングすることによって賛否両論が起こるわけじゃないですか。賛成してくれる人もいるし、反対してくる人もいる。そのことによって新しいコミュニケーションが生まれるはずだという確信のもと、失言というのは俺の中ではフライング言語なんですよ。みなさんはフライングをしないからバッシングもされない。ただ、それはつまらないし、おもしろくないわけですよ。

——じゃあ、山本さんは意識的に失言めいたツイートをしているわけですね。

山本　わざと気が狂ったかのようなアジテーションをしているんですよ。どういうことかと言うと、俺をフォローしている人たちには潜在的にアジテーションされる要素が埋もれているんですよ。そこを俺は刺激して、突っついて、表面まで呼び起こすからアジテーションになるんですよ。そうすると彼らは無意識の中で気づいていなかった自分を発見して、「そうだ、これだ！」っていう形で強い信念というか生き方を確認できるわけですよ。要するにアジテーションは確信犯でなければいけないわけですよぉ！

——無意識でアジってもダメ。

山本　関係性も時代性もすべてわかったうえで一気に突っつくわけですよぉ。その突っつくときは最短距離で行くんよ！　そうすると特に若者たちは感性が敏感だから反応しやすいんですよ。常に何かを求めているから。自分の未来に対しての期待感もあるし、反発心もあるし。

「長州力は存在自体が暴力ですよ。俺たちにとってあれは全方位に向けたドメスティック・バイオレンスですよぉ」

——だからこそ山本さんは若い連中とつるみたいっていうのがあるんじゃないですか？

山本　つるみたい！　逆に若い人たちには俺とつるむことで覚醒してほしいんですよ。その覚醒のお手伝いを俺はしているというか、俺は単なる触媒なんですよ。俺自身はもう反応しないけど、触媒として彼らに覚醒するチャンスを与えたいというのが俺の役割ですよ。だから週プロはあの時代の青年たちにとって、普通の週刊誌や一般誌とは違った側面を持っていたわけよ。単なる情報誌ではなかったわけですよ。

——じゃあ山本さんはもうキレない？

山本　キレない！　それは言い切れる！　いくらキレたってもう俺はもう主流にはいないわけですよ。隠居生活みたいなものじゃないですか、こんなの。もう誰も俺には関心を持たないし。

——そんなことはないですよ。

山本　だからきっと俺がキレた瞬間に反発を受けて、若者たちは俺のことを「ジジイ」と呼ぶんですよ。「ジジイが何を言ってるんだ！」となるんですよ。俺はこの「ジジイ」という言葉が大嫌いなんだよね。だから「ジジイ」と呼ばれないためにキレないようにしているわけですよ！　だってね、俺はリアルでは「ジジイ」なんですよ……。

——まあ、そうですね。山本さんは「ジジイ」と言っても差し支えない……。

山本　差し支えないでしょ……。

——でも絶対に言われたくはないと（笑）。

山本　そうなんよ。言われたくないがために俺はキレるという行為を絶対にしたらダメなんです。

——でもキレるっていうのは、本来はそうやってコントロールのきかないものじゃないですか。

山本　いや、ちょっと待った。その質問は俺にするべきじゃないんですよ。長州力にするべきですよ！　かつてあんなにもキレていた男に聞いてくださいよ！　日常茶飯事でファンにキレていた、マスコミにもキレていた、時代にもキレていた長州に！　そんな長州力がいまはまったくキレずにすっかりアルマジロとなってしまった。「なぜキレないんですか？」って聞くべきですよ！　あるいは「あなたはなぜ昔はキレていたんですか？」と。

——山本さんは、なぜ長州さんは昔あんなにキレていたと考えていますか？

山本　結局、プロレス界の主流はアントニオ猪木とジャイアント馬場であることは動かしがたいと。たとえ時代のある瞬間は獲ったとしても、いくらがんばってもあのふたりには敵わないという。そこで長州がいちばん言いたかったのは、藤波に対する噛ませ犬じゃないんですよ。「俺は馬場と猪木の噛ませ犬じゃない！」ってことなんですよ。だけどいくら何をやっても無駄だと。あの位置には絶対に行き着くことができないというイライラでキレて、マスコミとか時代に八つ当たりしていたんですよ！

――あー、なるほど。

山本　そういった意味ではもの凄く正直な男だし、レスラーの中で自分の位置関係というものをいちばんよくわかっていた人なんですよ。自分の上には絶対的な存在の馬場と猪木がいる、その距離感もわかっていたがゆえに腹を立てていたんですよ。それがスポーツとか競技の世界だったら勝つこともできるわけじゃないですか。でもプロレスは競技とは違うとわかった瞬間に彼はもの凄くキレたんですよ。そしてターザン山本に八つ当たりしていたんですよ！

――山本さんは八つ当たりされていたんですか。

山本　だから存在自体が暴力ですよ、はっきり言って。俺たちにとってあれはDVですよ。全方位に向けたドメスティック・バイオレンスですよぉ。

――あと前田日明さんはなぜキレるんですか？

山本　前田日明のキレ方は非常に上品なんですよ。あれは相手のことを理解して、認めた上でキレるというね、やさしさがあるんですよ。

――えっ、キレの中にやさしさが？

山本　相手の存在を認めているわけだから、どちらかと言うとコミュニケーション手段だよね。だから全否定じゃないし、DVでもないんですよ。

――いったんキレますけど、そこから関係性を築いていきましょうっていうことですかね。

山本　「キレることによって和解しましょうね」っていうのが前田日明のコンセプトなんですよ。なので根底はやさしいんですよ。だから前田さんと俺は和解が成立しているけど、長州力とは絶対に和解できないのはそこが決定的な違いですよぉ！

――つまり長州力のキレ方は下品ということですか？（笑）。

山本　そう！　下品というか不器用というか。ただ、長州の場合は言語感覚が冴えているので、キレたときも言葉にもの凄く色気があるんですよ。「またぐなよ」とかね、そこらへんの彼の言語感覚のセンスのよさっていうのはとにかく抜き出てるよね。キレ方自体は非常に下品なんだけど。

ターザン山本！
（たーざん・やまもと）
1946年4月26日生まれ、山口県岩国市出身。ライター。元『週刊プロレス』編集長。
立命館大学を中退後、映写技師を経て新大阪新聞社に入社して『週刊ファイト』で記者を務める。その後、ベースボール・マガジン社に移籍。1987年に『週刊プロレス』の編集長に就任し、"活字プロレス""密航"などの流行語を生み、週プロを公称40万部という怪物メディアへと成長させた。

土下座で弟子入りして断られる……。ビートたけしさん、本当にご無事でよかったです。

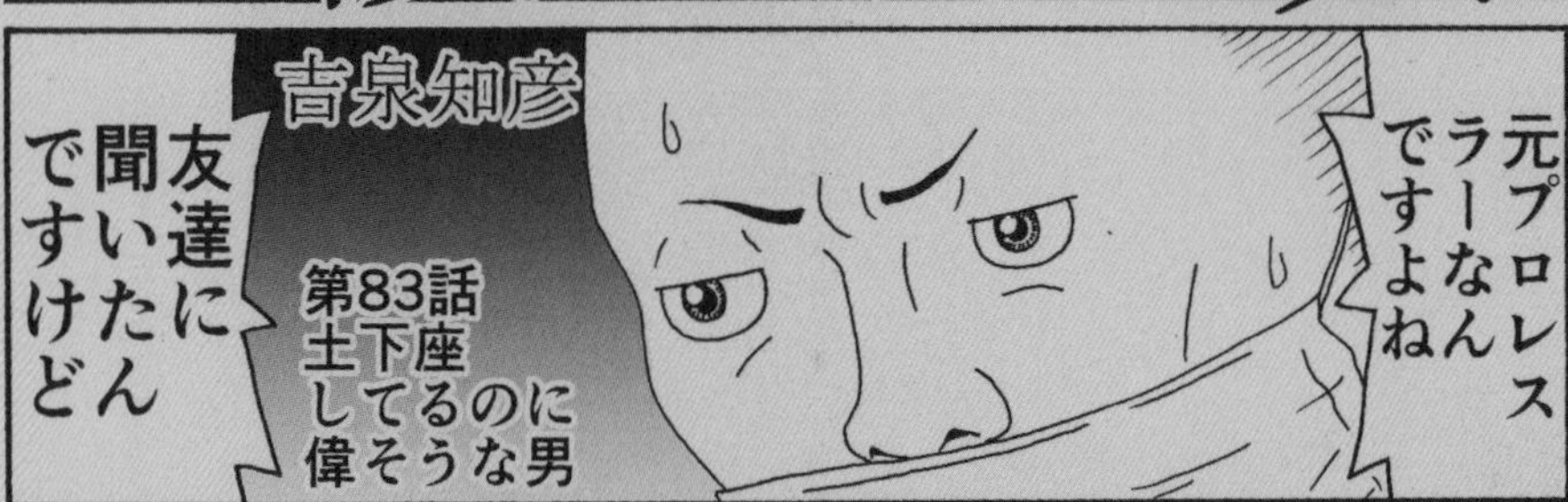

弟子にしてもらっていいっすか
ばっ
やめろ
なんだその
土下座してるのに偉そうなのは
弟子にしてもらえますよね

弟子なんか
とってねえし
とっくの
昔に引退
してんだよ

えぇー
弟子にして
もらえないん
ですかー

なぜ弟子にして
もらえて当然
みたい
な
その態度
おかしい
ぞ

店長いいじゃ
ないですか
弟子に
してあげ
たって
嫌だよ

バイトで
雇って
あげたら
どうです
か？
もっと嫌だ
業務に支障が
出る

あの
コンビニの
バイトは
ちょっと
無理なんで

ほら
それ
そういう
とこだぞ

君さ
今なにやってんの？
オレっすか

浪人してたんですけど
どこも受かんなくて
プロレスラーになりたくなって受験やめました

カーッカッカッカッパンサーよ
バッ
久しぶりだな

ん
何か揉め事なのか？
ミスターZYX
何でもないよ

おっほん
今度こういったビジネスを始めてだな
蟻の穴
プロレス
スクール

あっ
この男
プロレスラー志望者だぞ
蟻の穴
プロレス
スクール

ほらこれ
君もプロレスラーだ!!
入会金2万円
月会費1万円
充実の講師陣
調度いいぞ

おー君はプロレスラーになりたいのか
いい体だ……ん?
バンバンバン
はあ

うんなかなか見所がある若者じゃないか
明日から来るといい

はあ
……
君もプロレスラーだ!!

うちは格安だぞ
バッ
これも何かの縁
カーッカッカッ

KENICHI ITO

涙枯れるまで泣くほうがEマイナー

VOL.10

朝倉チルドレン（朝チル）

伊藤健一

（いとう・けんいち）
1975年11月9日生まれ、東京都港区出身。格闘家、さらに企業家としての顔を持つため“闘うIT社長”と呼ばれている。ターザン山本！信奉者であり、UWF研究家でもある。

近頃、ＭＭＡジムに若者の姿を非常に多く見かける。

私は高阪剛主宰のアライアンスで夜ＭＭＡを練習しており、数年前まではその夜クラスは若者の姿は皆無であり、おじさんたちの憩いの場であったのだが、いまは10代や20代前半の若者が大半でバチバチと殴り合っており、完全にまったり空間ではなくなってきている。

どうやらアライアンスだけでなく、ほかのジムでも若者の会員が増えてきているようだ。

彼ら若者に話を聞いてみると、やはりＲＩＺＩＮを観て朝倉兄弟や堀口恭司選手を知り、ジムに入会したという声がほとんどで、意外にもインスタやＹｏｕＴｕｂｅで観ているのか、ＵＦＣにも詳しく、おそらくＵＦＣはＮＢＡやヨーロッパサッカーで、ＲＩＺＩＮはＢリーグやＪリーグといった感覚で観ているような気がする。

一昔前はＰＲＩＤＥの桜庭和志やアントニオ・ホドリコ・ノゲイラに憧れて格闘技を始めた人が多かったので、寝技好きが多かったが、打撃戦がＭＭＡだと思っている〝朝倉チルドレン〟（朝チル）たちは青木真也選手のことさえも知らない。本当に時代が変わったことを痛感せざるをえない。

スパーリングをしてみると、寝技に持ち込めばボブ・サップ並みに弱いのだが、「喝だ、喝！　寝技をやれ!!」などと言って老害扱いされたくないので、もっぱら彼らの好きな打撃戦に付き合うようにしている。

以前は私も打撃・レスリング・寝技とオールラウンドにできなければいけないと思っていたが、彼らの目標はＲＩＺＩＮだし、私のように40過ぎてまで格闘技をやることもないだろうから、いまは打撃でいけるところまでいったらいい。

しかし、２０２１年。そんな朝チルたちに意識改革が起きたのだ！

そう、6月13日に東京ドームで行われた『ＲＩＺＩＮ.28』でのクレベル・コイケ選手、ホベルト・サトシ・ソウザ選手らによる三角絞めでのフィニッシュがその発端である！

あの大会直後より、朝チルたちは口を揃えて「健一さん、寝技スゲェッス。三角絞め超やべえッス」と言い出し、積極的に寝技の練習に取り組むようになった。

余談だが、私の練習仲間である所英男が東京ドームの2週間前くらい前から急に寝技練習をやらなくなり、なぜかボクシング練習をやり出したので、「ああ、那須川天心vs3人スペシャルマッチのミスターXはこの男か……」と察した。完全極秘だったXの正体が自分であることを隠していたつもりなのだろうがバレバレであった。

話を戻そう。柔術を普通に観ている人たちは、もう10年以上前からクレベルとサトシの極めがヤバいことは知っていた。とにかく極める前のクローズドガードに入った時点でもう終わり。

クローズドガードは下になるので、現代MMAでは絶対的に不利なポジションなのだが、それでも極めちゃうのがあのふたりである。

クレベルは昔、同じZSTの大会に出場したことがあり、そのときは私がメインイベントでクレベルはセミファイナルだったのだ。

(笑)。控室が一緒で、試合前にずっとタックルの打ち込みをやっている姿を見て「体力が凄いな」と思った記憶がある。

サトシに関しては、10年以上前はまだ柔術紫帯で、10代だったサトシとアライアンス所属の私の後輩がグラップリングマッチで闘ったことがあった。その頃からサトシは圧倒的に強く、その後輩もかなり強いヤツだったのだが、まったく相手にならず惨敗を喫した。

試合後、その後輩はサトシのあまりの強さにリング上で苦笑してしまったのだが、それが髙阪さんの逆鱗に触れてしまい控室でめちゃくちゃに怒られていた。もちろん髙阪さんの指摘は100％正しかったと思うが、柔術もやっていた私はサトシの強さをよく理解していたので、「アイツは半端なく強い。あれはしょうがないよ」と新宿FACEそばのラーメン二郎で後輩を慰めたものだ。

その後、サトシは柔術世界選手権で準優勝したりと世界的にもトップとなった。とにかくふたりは昔から半端なく強かったのだ。

試合で極めたことがないので何とも言えないが、私も柔術紫帯までは渡辺直由さんという三角絞めの名手に習っていたので、三角絞めは隠れた得意技と言ってもいい技だ。

寝技に目覚めてくれた朝チルたちには「アッパレ!!」と言ってやりたい反面、「おいおい、寝技なんてやんなくていいから」というモヤモヤした気持ちもあるのだが、とにかくいまは積極的に寝技に持ち込んで三角絞めを極めてあげるという接待スパーをして、若者たちを悦ばせる日々を過ごしている……。

KAMINOGE COLUMN

マッスル坂井と真夜中のテレフォンで。

9/13

MUSCLE SAKAI DEEPNIGHT TELEPHONE

「昨今は芸能事務所に所属する意味なんてないだとかフリーランスの時代だとか言われているけど絶対にそんなことはないからね！事務所を通さないとコミュニケーションができないようなろくでもないヤツがいることを理解してほしい」

「ちょっと俺、ひさしぶりに怒っちゃいました。その仕事は絶対にやらなくてよかったって思っています」

坂井　こないだマジでムカつくことがあったんですよ！

――おおっ？　いきなりどうしました。

坂井　これは自分の中でもまだ整理ができていないというか、「なんなんだろうな、これは」っていう。これ、話してもいいですか？

――どうぞ、聞きますよ。

坂井　とある仕事の依頼だったんですけど、ちょっと大きめのシンポジウムみたいなやつを10月にやると。「そこでパネラーとして登壇してもらえませんか？」っていう話が8月くらいに来たんですよ。それはどちらかと言うとスーパー・ササダンゴ・マシンじゃなくて「坂井精機の坂井良宏社長として」って言うんですね。だからウチの会社の代表メールアドレスに来たんですよ。

――松竹芸能ではなく、会社のほうに直で連絡が来たと。

坂井　でも、それってどう考えてもスーパー・ササダンゴ・マシンとしての仕事なんですよ。「跡継ぎ問題とか会社の事業承継とかに関わるシンポジウム」とかって言うんだけど、そのシンポジウムってけっこうな活字媒体とかテレビ放送とかでも展開される規模のやつらしいんですよ。

――だったら、これは芸能の仕事じゃないかと。

坂井　そんなの調べたら俺が松竹芸能に

構成：井上崇宏

入っていることなんてすぐにわかることだし、依頼のメールしてきた人もテレビの制作会社の人なんですよ。それでけっこうな要求というか、質問事項とかやってほしいこととかがめっちゃ多いんですね。しかも「スケジュールを急いで教えてください」とか来るから「なんだ、この感じ……？まあ、これはけっこうテレビの感じだよな」とか思いつつ。

——話の進め方が。

坂井 話の進め方がだいぶテレビなんですよ。それで俺も「松竹芸能に所属しているので松竹を通してもらえないですかね？」って言ったんですけど、「いえ、坂井精機の坂井良宏社長にお願いしているので」みたいな感じなんですよね。それでちょっと嫌な予感がするなと思いながらも、まあいいかと思っていたら「まだ本決まりではないです」って言われて。いやね、凄い勢いでスケジュールが空いてるか空いてないか聞いてきたからね、「その日は空いてますよ」って答えたら「本決まりじゃないです」って言われてね、それからしばらくしたら「VTRでの出演になりました」って来て。「VTR？」と思って（笑）。

——あー、ムカつく。すげームカつく（笑）。

坂井 そのVTRもね、「新潟で自分で撮影して送ってください」って言うんですよ。「そういうメディアでの活動もされているそうなので、こちらの構成台本に基づいて地元のカメラマンに撮影をしてもらって、それをいついつまでに納品してください」みたいな。

——撮影のスタッフを手配してくれるわけではなく？

坂井 そうなんです。でも、それはよくよく考えたらコロナというのもあって、東京から撮影に来るより新潟で撮って送るというのがいまのやり方なのかなって。それで「坂井さんにはグロスで出演料をお渡ししますので、撮影などはその中でやりくりしてください」みたいな。で、その撮影の内容が「お父様へのインタビュー、会社の様子、工場内の様子、できれば従業員のインタビュー。従業員への質問内容は新社長についての感想、社長がプロレスラーと兼業であることをどう思うかなどを聞いてください。坂井さんは会社の社長の椅子でマイクを持って、社長になったときの経緯やレスラーを断念したときの気持ち、復帰してレスリング業界のためにやっていることなどを語ってください。それと坂井さんの社長としての仕事風景を撮影してください。そしてオプションですが、以前に○○生命保険会社の経営者保険で助かったこともお話してくださいますよう、よろしくお願いいたします。レスラーとしての坂井さんの映像もお貸しください」って。

——懲役3年だな（笑）。

坂井 そういうけっこう細かい台本で「お願いします」って言われて「それをいつまでに送れますか？」とかね、その聞き方がなんか私のリズムとは合っていないというか。

——わかるわかる。どうもスイングしないなと。

坂井 「締め切りの期日が迫っております」とか。「いやいや、そっちの都合だよね？」っていうのがちょっと多すぎまして、なんて言いますかね、1カ月以上先の話で納期とかそういうのも含めて「完全にこっちを信用してねえな」っていうのがわかるんですよ。それで松竹も通さずに俺に直接連絡してきておいて、タレント事務所にオファーするかのような上から目線で発注してきてですね、「そちらでどんなものを撮って送ってくるのかわからないので、納期の1週間前までにお願いします」みたいなことを言ってきて、「じゃあ、なんの納期?」みたいな。そんな感じのことをここ2、3日バンバン鬼電してきたんですよ。それでこっちは「ちょっと落ち着いたら折り返します」って丁寧に返していたんですけど、「連絡がつかないのはちょっと困ります」「連絡が途切れますと心配が増大してまいります」みたいな。

――死刑!(笑)。

坂井 もう俺、届いたメールを読んじゃいますよ。「坂井良宏様 お世話になっております。撮影日はいつになりましたでしょうか? 主催の○○新聞社様や後援の○○生命様が小生が撮影に行かずに納期の期日に間に合うのか、内容は大丈夫かと心配しております。ご連絡が途切れますと心配が増大してまいります。小生は板挟みで苦しい立場です。もっと頻繁にご連絡をいただけるよう、どうぞよろしくお願いいたします」。マジで松竹芸能を通してくれやって思うわけですよ。「それと撮影のカメラ機種はなんでしょうか?」って、そっちがなんでもいいって言ったじゃねえかって(笑)。「撮影済みのメディアはSDカードで、最悪でも9月23日までにお願いします」。最初は「27日」って言ってたんですよ。なんかもう全部怖いなと思って。「いろいろとお忙しいようで心配です。無理なら中止もやむをえないと思います。その判断のためにもいまの状況を至急お知らせくださいますよう、どうぞよろしくお願いします」って、イベントは10月の中頃ですよ。くっそ先なんですよ。それでちょっと俺、もう怒っちゃって。

――ちょっとひさしぶりにこういう話を聞きますね(笑)。

坂井 これは絶対にやらなくてよかったって思っています。

「アイツがこのあと俺のことを
めっちゃ悪く言うんだろうなってことも
わかってる。1日でも早く
『KAMINOGE』を発売してほしい」

――あっ、もう断ったんですか?

坂井 断りました。「二度と連絡してこないでください」って言いましたよ、俺。

――ちょっとすみません。下世話な話ですが、お米のほうはよかったんですか?

坂井 ええっとね、「撮影込みで○万」って言われてたんですよ。

――安っ!(笑)。

坂井 高くないんですよ。だけど後援に名を連ねている生命保険の会社が、以前に私が心筋梗塞になったときにジャックポットばりにお金が下りた保険会社だったんですよね(笑)。

――奇しくも(笑)。

坂井 はい(笑)。だからそういう恩義がありつつも、こっちがお金の話をすると「これは規定による予算で」と言い、納期に関してはスポンサーの名前を使ってきて最悪だなと。それなら撮影に来ればいいのに「コロナなので」って言い、マジでそいつの名前をネットで検索しても全然出てこないから、よっぽどクソみてえなヤツなんだなと思って。で、これをラジオとかで言うわけにもいかないから、いまこうして『KAMINOGE』でぶちまけてるんですけど。

――ラジオで言うわけにはいかない話をここで(笑)。

坂井 俺の代役は誰になったのか、いまから楽しみでしょうがないですよ。俺もね、普段ならなんとなく我慢できたと思うんですけど、ちょうどクルマを運転しているときにそいつとスピーカーで話したもんだから「コイツの言うことは聞かなくてもいいな」って思えたんですよ。

――どういう意味？

坂井　愛車であるディフェンダーという大きなクルマを運転しながらでしたので、ちょっと気持ちのほうも大きくなってしまいまして。

――トラック野郎か（笑）。

坂井　でも、マジでいまだにずっとムカついてますし、本来なら明日、後援の保険会社の新潟支店長様がウチにご挨拶に来られる予定だったんですね。だから「今回の話はなくなっちゃったのですみません」って連絡をしたついでにですね、「制作をしているところの社長さんとの会話がすべて噛み合わなかったからです」って告げ口をしておきましたので。

――それも運転中？（笑）。

坂井　いえ、降車してからですので、気が大きくなってというわけではありません。いや、本当にイライラしてるんですよ、いまだに！　なんかね、芸能事務所に所属する意味なんてないとか、フリーランスの時代だ、みたいなことがよく言われていますけど、絶対にそんなことはないですからね！　事務所を通さないとコミュニケーションができないようなろくでもないヤツが多いんだってことをちゃんと理解してほしいですよ。マジでムカつく、本当に……。

――いま思い出して怒らないで（笑）。

坂井　すみません。それにしても、なんであんな上から来られたんだろうなと思って。

――でも、この手の話って昔よりもだいぶ減りましたよね。たぶんこっちが歳を取ったからだと思うんですけど。

坂井　減りますね。

――若い頃はなんとなく「世の中ってこういうもんなんだな」っていう理解をしていたけど、歳を取ると「そんなことはなかった。単純にナメられてたんだな」っていうのがわかってきて。

坂井　俺ね、アイツがこのあと各所で俺のことをめちゃめちゃ悪く言うんだろうなってこともわかってるんですよ。だから1日でも早くこの『KAMINOGE』を発売してほしいんですよ（笑）。

――悪口を言われる前に（笑）。

坂井　そう！（笑）。マジでムカつく！　あー、ムカつく。そりゃ昔よりはだいぶ減ったけど、俺はまだ年に2回くらいこういうムカつくことがありますからね。「まだこんなのがあるんだ」っていうか、「まだここですか？」みたいな感じですよね。

――まあ、あんまりワケがわかっていない人なんでしょうけどね。

坂井　災害に遭ったようなもんだから、「防災意識を高めていきましょう」っていう話ですよね。そもそもね、入り口がコロナをキーワードに来るヤツってなんなんだよと思って。「コロナ禍における事業承継のあり方を～」って。「そちらのほうで撮影は一任させていただきますとして、坂井さんはメディア関連の仕事もされているので、そういったものを……」。

――そのくだりはもういいから（笑）。

坂井　マジで腹立つな～。

KAMINOGE №118

次号 KAMINOGE119 は
2021 年 11 月 5 日（金）発売予定!

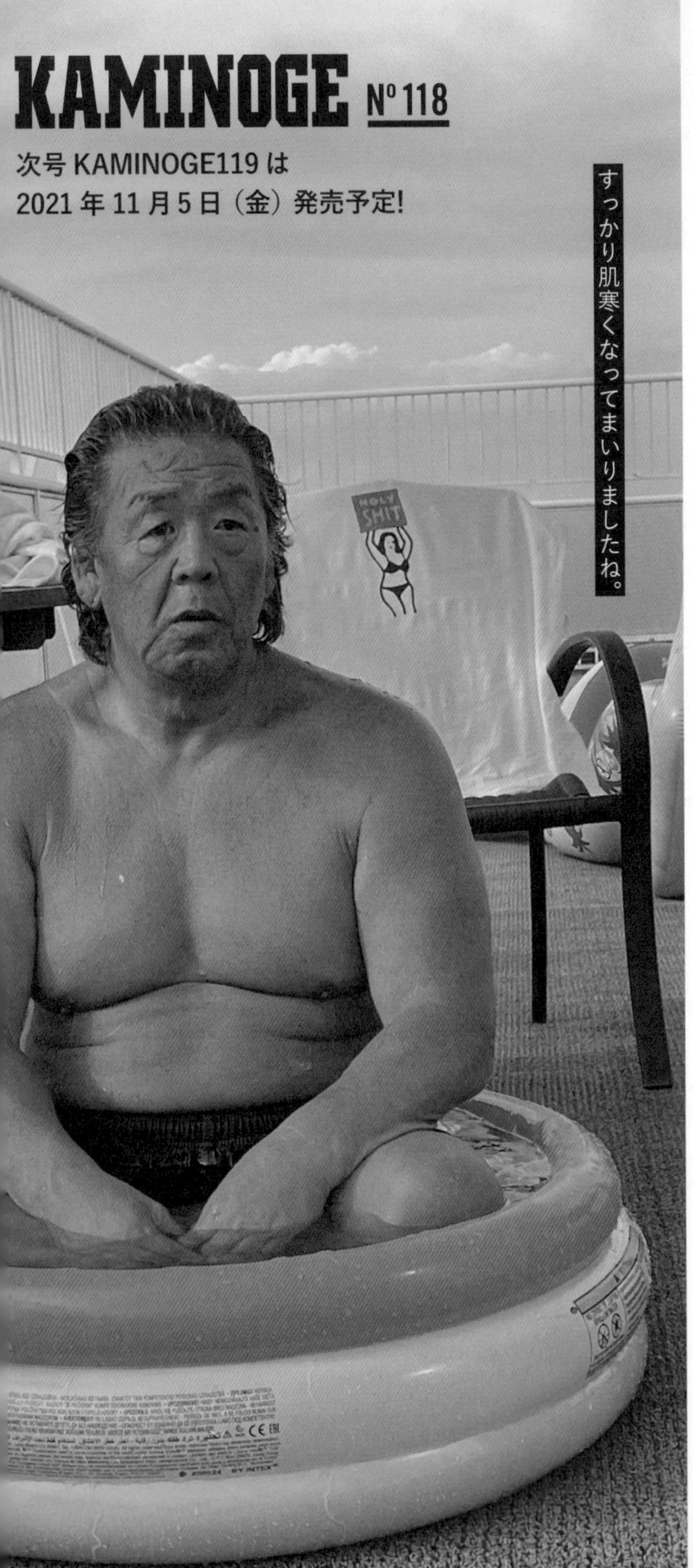

すっかり肌寒くなってまいりましたね。

2021 年 10 月 14 日
初版第 1 刷発行

発行人
後尾和男

制作
玄文社

編集
有限会社ペールワンズ
（『KAMINOGE』編集部）
〒 154-0003
東京都世田谷区上馬 1-33-3
KAMIUMA PLACE 106

WRITE AND WRITE
井上崇宏
堀江ガンツ

編集協力
佐藤篤
村上陽子

デザイン
高梨仁史

表紙デザイン
井口弘史

カメラマン
タイコウクニヨシ
保高幸子
橋詰大地

編者
KAMINOGE 編集部

発行所
玄文社
［本社］
〒 107-0052
東京都港区高輪 4-8-11-306
［事業所］
東京都新宿区水道町 2-15
新灯ビル
TEL:03-5206-4010
FAX:03-5206-4011

印刷・製本
新灯印刷株式会社

本文用紙：
OK アドニスラフ　W A/T 46.5kg